Lucius Annaeus Senecio

Geschichte der griechischen Philosophie in Anekdoten

Vorsokratiker

Lucius Annaeus Senecio, geboren 1973, hat Altertumswissenschaften und Kunstgeschichte studiert. Er ist klassischer Humanist und Moralphilosoph sowie ein scharfer Zeit- und Gesellschaftskritiker. Als Verfechter der klassischen Ethik, Ästhetik und Bildung ist er insbesondere ein entschiedener Gegner des modernen Schul- und Universitätssystems, welchem gegenüber er das antike Humanitätsideal eines Cicero, Seneca und Erasmus vertritt. Durch die erneute Zusammenführung der römischen, griechischen und biblischen Weisheit schuf er eine in heutiger Zeit einzigartige ethische Lebenslehre, welche er ohne akademischen Dünkel auch in Seminaren und Vorträgen vermittelt. Darüber hinaus lehrt er die klassischen Sprachen Latein und Altgriechisch an seinem Sprachinstitut in Berlin.

Lucius Annaeus Senecio

Geschichte der griechischen Philosophie in Anekdoten

Vorsokratiker

mit Illustrationen

AD FONTES

AD FONTES
Klassikerverlag

Bibliographische Information der Deutschen Nationalbibliothek
Die Deutsche Nationalbibliothek verzeichnet diese Publikation in der Deutschen Nationalbibliographie; detaillierte bibliographische Daten sind im Internet über http://dnb.d-nb.de abrufbar.

2. Auflage

Umschlagmotiv: Franz Caucig (1755 - 1828),
Sokrates mit einem Schüler und Diotima (1810)
Layout & Satz, Covergestaltung: Hypatia Senecio
www.adfontes-klassikerverlag.de

ISBN 978-3-945924-08-2

Inhalt

Einleitung

„Oft wirft ein geringfügiger Vorgang, ein Wort, ein Scherz ein bezeichnenderes Licht auf einen Charakter als Schlachten mit Tausenden von Toten."[1]

Plutarch, der dieses absolut treffende Wort geschrieben, ist einer der genialsten Historiker aller Zeiten gewesen. Seine *Parallelbiographien* bedeutender Griechen und Römer lehren den Leser mehr über das Altertum als Bruttoregistertonnen moderner Aufsätzchen aus Professorenfedern. Seit nämlich das 19. Jahrhundert den Beschluß zum unfehlbaren Dogma erhoben, daß Anekdoten, Aussprüche, Charakterbeschreibungen und moralische Urteile das schlechthin Unwissenschaftliche seien, und Theodor Mommsen als Papst der positivistischen Geschichtsforschung saftlose Trockenheit, fühlloses Leichenfleddern und das Totreiten toter Quellen die heiligste Pflicht eines wahren Wissenschaftsmenschen gemacht, finden wir in den Geschichtsbüchern fast nur mehr vergammelte Gerippe einst unfaßbar großer Männer und Frauen. Wer auch immer aber wahre Menschen wirklich kennenlernen will, wird nicht ihre Blut- oder Röntgenbilder studieren, sondern vielmehr ihre unmittelbare Gesellschaft suchen und danach trachten, ins Zwiegespräch mit ihnen zu kommen. Ganz besonders darauf bedacht wird aber derjenige sein, welcher echte Bekanntschaft mit den

Philosophen des Altertums will machen, unter welchen die überhaupt trefflichsten und edelsten Menschen zu finden sind. Denn er will ja nicht erfahren, in welchem Jahre der eine oder andere nach Meinung des einen oder anderen Wissenschaftlers das eine oder andere getan, noch, ob dieser oder jener dieses oder jenes gesagt habe. Ihm sind auch all die anderen Spitzfindigkeiten und Haarspaltereien der modernen Geschichtsforschung vollkommen gleichgültig. Denn er will nicht seitenweise wildeste Spekulationen über die Echtheit oder Unechtheit irgendeines Dialoges des göttlichen Platon lesen, nicht mit dem Autor gänzlich heillos herumrätseln, ob Seneca 33 oder doch erst 34 zum Quästor designiert worden sei, und schon gar nicht einen Scharfsinn genießen, welcher sich an der vollends fruchtlosen Frage abwetzt, ob vielleicht Jesus und Sokrates überhaupt nicht existiert haben. Der Geistvolle will, sobald er sich den Philosophen zugewandt hat, diese aus ihren Worten und Taten kennenlernen und dann, wenn er Gefallen gefunden an ihrer außerordentlichen Tugend, auch die Theorie ihrer Lehren studieren, um jeweils mit dem ganzen Menschen vertraut zu werden.

Dieses Büchlein stellt vor die wichtigsten und ehrbarsten sowohl der vorsokratischen Philosophen als auch der Sieben Weisen, die weniger Theoretiker als Praktiker gewesen und durch ihre Väterweisheit berühmt geworden sind, während die Naturphilosophen die Fragen des praktischen Lebens eher nur streiften. Freilich ist eine strikte Trennung weder möglich noch nötig noch wünschenswert. Immerhin fällt auf, daß ein großer Unterschied besteht zwischen Geistern wie Solon, welcher mit beiden Füßen auf der festen Erde stand, und Parmenides, der niemals Boden gewonnen hat. Uns interessiert hier freilich nicht der Urstoff des Thales, die Zahl des Pythagoras oder das Atom des Demokritos, die ja nichts zu lehren vermögen in Hinblick auf die menschlichen und göttlichen Dinge, deren Durchdringung so weit, wie weit es möglich ist, allein Sinn wie Zweck allen Philosophierens ist. Die Anekdoten, welche von den ersten Meistern der Weltweisheit überliefert sind, machen uns zu unmittelbaren Zeugen ihrer großen Taten, zu Hörern ihrer verständigen Worte, gewähren uns tiefen Einblick in ihren hehren Charakter, weisen uns direkt oder zuweilen auch indirekt den rechten Weg des Lebens. Erst deshalb in unseren Tagen, da nichts weniger nachgefragt wird als moralische Belehrung, sind diese Erzählungen und Aussprüche zu dem geworden, was sie heißen, nämlich zu Anekdoten[2], Geschichten, die nicht herausgegeben sind. Wir freilich haben uns noch nie um das geschert, was der Zeitgeist will oder die große Masse der Vielen, wäre dies ja höchst unphilosophisch und überhaupt eines Gebildeten gänzlich unwürdig, sondern stets nur uns redlich bemüht, angenehm und förderlich denjenigen zu sein, die aus dem immer Besten höhere menschliche Bildung in einer unmenschlichen Welt sich gewinnen wollen.

Berlin, im Mai 2015
Lucius Annaeus Senecio

Die Weisen vor Sokrates

Thales

Erkenne dich selbst!

Thales (636 - 546 v. Chr.), der erste unter den vorsokratischen Naturphilosophen, war Bürger von Milet, einer der damals bedeutendsten griechischen Kolonialstädte in Kleinasien, wo die archaische griechische Hochkultur sich mit dem Geiste des orientalischen Kulturkreises verbunden und eine sehr freie und weltoffene Seele entfaltet hatte. Daher nimmt es auch nicht wunder, daß Thales in sehr vielen Wissensgebieten umfassende Kenntnisse hatte und sozusagen eine Art Universalgenie gewesen ist: In seiner Eigenschaft als Astronom, Mathematiker oder Ingenieur trat er als Naturphilosoph auf den Plan, in jener als staatskluger Ratgeber aber als einer der Sieben Weisen, die weniger Philosophen im theoretischen Sinne des Wortes gewesen sind als praktische Lehrer weiser Staatsführung. Die Grundlagen seiner naturphilosophischen Kenntnisse hatte er sich - wie auch andere Vorsokratiker - in Ägypten und Babylon angeeignet, dann durch eifrige Forschungen ausgeweitet: Es wird berichtet, er habe die Höhe der Pyramiden dadurch bestimmt, daß er in dem Augenblick ihren Schatten maß, da sein eigener Schatten genau seiner eigenen Körpergröße entsprach. Er soll auch eine Sonnenfinsternis (585 v. Chr.) vorausberechnet oder eher halb errechnet, halb erraten haben.

Zweifelsohne war Thales ein Mann, der seine Zeitgenossen in höchstes Erstaunen versetzte. Die größte Verwunderung aber wird wohl der Umstand ausgelöst haben, daß Thales erstmals nicht die Gottheit als den Ursprung aller Dinge angibt, sondern das Wasser. „Das Beste von allem ist Wasser“, sagte er. Das Wasser als Prinzip, Arche genannt, tauchte zwar schon vor Thales auf, und zwar bei den Griechen ebenso wie bei den Orientalen, ist von ihm aber durch rationale Erwägungen und empirische Beobachtungen „gefunden“ worden. Freilich bedeutet dies nicht, daß Thales die Existenz von Göttern geleugnet habe; vielmehr war er davon überzeugt, der ganze Kosmos sei beseelt und voll von Göttern (bzw. Gott), so auch die Primärsubstanz selbst, woraus die Welt hervorgegangen sei. Mögen auch solche Schlaumeier wie Russel oder der Erzrassist Hegel[3] dies ihrer Natur gemäß bezweifeln, so war dem großen Thales wie jedem echten Naturwissenschaftler und wahrhaft begabten Empiriker stets ganz klar, daß die Herrlichkeit der Welt nicht denkbar ist ohne das alldurchwaltende Wirken einer über allem stehenden Macht. Vor dem Hintergrunde dieses seines höheren Wissens ist auch sein berühmtes Wort zu verstehen: Πάντα πλήρη ϑεῶν.

Thales starb an einem Sonnenstich, während er den Wettkämpfern im Stadion zusah.

Bescheidenheit

Habsucht und Streit gab es schon immer, doch im alten Griechenland konnte es noch vorkommen, daß das Ansehen eines Philosophen die Habsucht unterdrückte und den Streit schlichtete.

Milesische Fischer brachten einst einen großen Fang an Land, den ihnen eine Gruppe ionischer Jünglinge abkaufte. Bei der Warenübergabe aber fand sich unter all den Fischen unverhofft ein kostbarer Dreifuß. Sogleich entstand zwischen Käufern und Verkäufern ein Streit, der lange andauerte, aber natürlich zu keinem Ergebnis führte. Endlich wurde gemeinsam beschlossen, zum Orakel nach Delphi zu pilgern, um nachzufragen, wem der Dreifuß zustehe. Nachdem sie dort den Streitfall vorgelegt hatten, gab ihnen der Gott Bescheid, indem er sprach: „Dem Weisesten aller steht derselbe zu." Diesem Götterspruch freilich wagten sich weder die Fischer noch die Jünglinge zu widersetzen, und so überlegten sie, wer nun von allen der Weiseste sei. Bald waren sie sich einig, daß nur einer es sein könne: Thales. Dieser freute sich zwar über die teure Gabe, meinte jedoch, daß er nicht der Sieben Weisen weisester sei, und gab den Dreifuß an einen seiner Kollegen weiter, den er für weiser hielt als sich selbst. Auch der aber glaubte, nicht der Allerweiseste zu sein, und reichte das kostbare Geschenk daher seinerseits weiter an den nächsten, der es wiederum einem anderen gab. Das ging durch alle Männer, die damals

als Weise galten, fort, bis der letzte von ihnen zu dem Schlusse kam, der Allerweiseste sei wohl doch Thales. Als aber Thales sah, daß die Weisen ihm den Rang des Weisesten unter den Menschen zuerkannt hatten, schickte er den Dreifuß der Pythia, welche ihn dem Weisesten zugesprochen hatte, und weihte ihn dem delphischen Apollon, dem Weisesten unter den Göttern.

Ein Herz für Kinder

Von den wenigsten Philosophen des Altertums ist bekannt, daß sie Kinder hatten. Sokrates zwar hatte drei Söhne, Krates hatte einen, Pythagoras ebenso. Auch Aristoteles etwa hatte einen Sohn. Jedoch nur die Namen der unmittelbaren Nachkommen dieser großen Männer sind in die Geschichte eingegangen. Bemerkenswert ist, daß allerdings vergleichsweise viele Töchter bedeutender Weiser bekannt sind, welche sogar als kongeniale Philosophinnen auftraten. Diodoros Kronos zum Beispiel hatte fünf „berühmte“ Töchter, Aristippos hatte eine, und Pythagoras war mit drei Töchtern gesegnet, die sein Erbe angetreten und seine Lehren in der Familie weitergetragen haben.

Thales freilich war vom klassischen Schlag: Er lebte ehe- und kinderlos. Wie die meisten seiner Fachkollegen war er davon überzeugt, daß man sich nicht zwischen der Philosophie und dem Familienleben aufteilen könne, weil entweder die eine oder die andere Sache größeren Schaden leiden würde. Einer seiner Schüler aber, welcher meinte, ein Weiser sei ja gewiß der liebreichste Vater, fragte eines Tages den Meister: „Warum, Thales, hast du eigentlich keine Kinder?“ Thales doch bestätigte seines Schülers Meinung und gab zur Antwort: „Deshalb, weil ich Kinder liebe.“

Der Spekulant

Zur Zeit des Thales kannten selbst die Griechen den Wert der Philosophie noch nicht und glaubten daher (wie unsere Zeit wieder), sie sei eine Sache von Traumtänzern und Phantasten, die zwar Kunststücke des Geistes zustande bringen, nichts aber für das Leben und die Gemeinschaft Taugliches. Und der Umstand, daß Thales arm war, erschien ihnen als deutlichster Beweis. Thales beschloß also, die Milesier, seine Mitbürger, eines Besseren zu belehren. Während des Winters mietete er mit seinem spärlichen Geld alle Ölpressen, die er in Milet und Chios auftreiben konnte, und zwar sehr günstig, denn zu dieser Jahreszeit hatte er keine Mitbewerber. Dies aber tat er, weil er bei seinen Naturbeobachtungen zu dem Schluß gekommen war, daß eine überaus üppige Olivenernte zu erwarten sei. Als nun die Zeit gekommen und die Oliven tatsächlich in Mengen geerntet waren, standen niemandem Pressen zur Verfügung; diese waren ja allesamt bei dem Phantasten. Nun blieb den Leuten nichts anderes übrig, als sich an Thales zu wenden, und als dieser sah, daß sie begriffen hatten, war er zufrieden und verpachtete sämtliche Olivenpressen zu Höchstpreisen. Auf diese Weise hat er seinen Mitbürgern bewiesen, daß die Philosophen leicht sehr viel Geld scheffeln könnten, wenn sie wollten, daß es jedoch nicht das ist, wonach sie streben.

Ein und dasselbe

Thales versuchte einst verzweifelt, seinen Schülern klarzumachen, daß gleichgültig sei, ob man lebendig oder tot. Da ergriff ganz unvermittelt einer das Wort und fragte: „Weshalb, Thales, stirbst du dann eigentlich nicht?“ Thales - ebenso unvermittelt - antwortete: „Weil es gleichgültig ist.“

Wenn der Satan den Satan austreibt...

Einst kam zu Thales ein Ehebrecher, der hoffte, weil er bereits überführt worden war, bei dem Meister einen weisen Rat zu ernten: „Was denkst du,

Thales? Ob ich wohl meine Unschuld beschwören soll?" – Thales doch antwortete: „Meineid ist mitnichten besser als Ehebruch."

Der Philosoph im Zölibat

Viele Philosophen waren auch bei den Alten der Ehe abgeneigt, da Irdisches und Überirdisches leicht miteinander in Konflikt zu geraten pflegen. Diese Beschränkung auf das Geistige und Geistliche schien der Masse des Volkes schon immer etwas suspekt, wenn nicht abartig, weshalb man die Liebhaber der Weisheit nicht nur bewunderte, sondern auch bedauerte und daher zuweilen versuchte, sie zu ihrem „wahren" Glück zu überreden. So wurde einst auch Thales, der sich strengsten Zölibat auferlegt hatte, von seiner Mutter, weil sie den Sohn einen alten Junggesellen werden sah, ermahnt: „Wann, Thales, heiratest du denn endlich?" Thales ließ sie wissen: „Jetzt ist die Zeit dafür noch nicht da." Die Mutter aber kam täglich und über lange Zeit hin immer wieder und stellte immer wieder dieselbe Frage und bekam immer wieder dieselbe Antwort. Eines Tages doch erschien sie abermals und stellte, wie üblich, ihre Frage: „Wann, Thales, heiratest du denn endlich?" Und Thales erwiderte: „Jetzt ist die Zeit dafür schon vorbei."

Der eitle Geck

Dem Thales begegnete einmal ein eitler junger Bursche, der seinen Reichtum durch seine teure Garderobe zur Schau stellte und nicht müde wurde, sich selbst zu rühmen, all diejenigen doch, die weniger reich oder sogar mit einfachen Kleidern zufrieden waren, zu verspotten. An Thales freilich, der im Pallium, dem Mantel des Philosophen, unterwegs war, fand jener Mensch ein ganz besonderes Fressen. Als er aber fertiggespottet hatte, ergriff Thales das Wort, lächelte sanft und bemerkte: „Protze du nur eitel mit schönem Äußeren; ich trage schönen Charakter zur Schau."

Hans Guck-in-die-Luft

Thales war ein rechter Sternengucker. Oft wandelte er des Nachts erhobenen Hauptes einher und studierte die Gestirne. Tagsüber doch beobachtete er den Lauf der Sonne und lernte dabei auch ihr Verhalten so genau kennen, daß es ihm möglich wurde, eine Sonnenfinsternis genau vorherzusagen. Diese Leistung hat ihn in der gesamten Alten Welt berühmt gemacht.

Eines Nachts wurde Thales von seiner thrakischen Dienstmagd begleitet, die erfahren wollte, woher und wie der Meister sein Wissen beziehe. Er ging, wie gewohnt, erhobenen Hauptes vor ihr her, wobei er hierhin und dorthin deutete und mit gelehrten Worten leidenschaftlich die Phänomene des gestirnten Himmels erklärte; die Magd aber folgte ihm mit vorsichtigen Schritten. Obwohl sie natürlich nichts von dem Gesagten verstand, war sie dennoch fasziniert von der Weisheit des Meisters. Plötzlich aber und mitten im Wort verstummte Thales, ein dumpfer Schlag war hörbar, dann herrschte Stille. Die Magd blickte vor sich hin, doch Thales war verschwunden. Erstaunt tat sie ein paar unsichere Schritte; da erblickte sie im fahlen Sternenlicht den Meister, der in einer mannstiefen Grube reglos hingestreckt lag und leise schmerzlich stöhnte. Sie beugte sich tief über die Öffnung, schüttelte enttäuscht ihr Haupt und sagte trocken: „Die Dinge am Himmel durchschaust du, Thales, was aber unmittelbar vor deinen Füßen sich breitet, schaust du nicht einmal."

Die goldene Regel

Die goldene Regel ist ein uraltes Gesetz der Menschlichkeit. Sehr viele kennen sie heute vielleicht als den kategorischen Imperativ von der Kant-Lektüre her, die meisten aber wohl doch aus dem Neuen Testament. Auch der berühmte Rabbi Hillel hat diese Regel formuliert und sie als die Quintessenz des jüdischen Gesetzes gelehrt.

Thales von Milet lebte 600 Jahre vor Jesus und Hillel. Eines Tages, als Thales lehrte, trat ein Hörer, der wohl nicht zum engeren Kreise seiner Schüler zählte, auf den Meister zu und fragte ihn: „Sage mir, Thales: Wie beschaffen ist das gerechte, gute und also tugendhafte Leben?“ Thales aber antwortete mit einem einzigen Satz und sagte: „Selbst nicht tun, welches bei anderen wir tadeln!“

Solon

„Mache dir den Geist zum Führer!“

Solon (640 – 560 v. Chr.), aus altadligem Geschlechte stammend, war ein Kaufmann, der sich auf weiten Reisen durch den Orient Weltweisheit und reiches Wissen angeeignet hatte. Neben Thales von Milet ist er der bekannteste jener Sieben Weisen, weil er Athen Einrichtungen gestiftet hat, welche diese berühmteste griechische Stadt aus relativem Dunkel zum hellsten Licht der Geschichte haben emporwachsen lassen.

Um 600 v. Chr. herrschten große soziale Mißstände in Attika, und die Adelsparteien waren zerstritten mit dem Volk und untereinander. Auch nach außen hin verliefen die Dinge nicht gerade rosig, doch nachdem Solon seinen Mitbürgern in bedeutenden militärischen Angelegenheiten zweimal höchst weise geraten hatte, beriefen sie ihn zum Löser auch der innenpolitischen Konflikte, indem sie ihn zum Archon machten. In dieser Eigenschaft erließ Solon den verarmten Bauern ihre Schulden, kaufte die Verkauften aus der Schuldknechtschaft zurück und brachte wohl in gewisser Weise auch eine Rückerstattung ehemaligen Besitzes zustande. Eine unbedingte Neuaufteilung des Bodens allerdings konnte und wollte er gegen den Adel nicht durchsetzen. Nach dieser sogenannten Seisachtheia[4] reformierte er auch die Wirtschaft so, daß Athen zu einer konkurrenzfähigen Handelsstadt wurde.[5]

Ganz insbesondere vor diesem Hintergrund war dann die Einführung der Timokratie[6] durchaus eine Verbesserung der Gesellschaftsordnung, welche die politischen Rechte des einzelnen nicht mehr an die unwandelbare Geburt, sondern die wandelbaren äußeren Lebensumstände heftete. Den Willen zur politischen Verantwortung aber stärkte Solon, indem er die Bürger zur Teilnahme am politischen Leben verpflichtete.

Zusätzlich zur Seisachtheia und der Errichtung einer timokratischen Gesellschaftsordnung rief Solon den Rat der 400 gegenüber dem Areopag ins Leben, wohl auch die Volksversammlung und das Volksgericht.

Viele seiner Maßnahmen rechtfertigte Solon in dichterischen Werken, hauptsächlich in sogenannten Elegien, welche ihn auch als Poeten berühmt gemacht haben.

Nach Vollendung seines Werkes ging Solon wie einst Lykurgos auf Reisen. Er besuchte unter anderem Zypern, wo der dortige König die neugegründete Stadt Soloi nach ihm benannte, da Solon auch ihm genial geraten hatte.

Obwohl Solon seine Ackergesetze wegen des unbrechbaren Widerstandes der Latifundienbesitzer wie auch der zunehmenden Überbevölkerung nicht hat durchsetzen können, hat er den Grundstein für die Emanzipation auch der unteren Bevölkerungsschichten gelegt, so daß ab der Mitte des 5. Jahrhunderts auch Bürger der dritten Klasse das (freilich zum Ehrenamt entkräftete) Archontat erlangen konnten. Seine eigene Zeit freilich hat er nicht davor bewahren können, daß bald nach Erledigung seines Amtes die alten Streitigkeiten doch wieder ausbrachen und zur allerdings heilsamen Tyrannis des Peisistratos führten.

Solon starb auf Zypern wohl in der nach ihm benannten Stadt.

Genie oder Wahnsinn I

Athen hatte einen bewaffneten Streit mit Megara, wobei es darum ging, wem die Insel Salamis gehöre. Nachdem Athen eine gewaltige Niederlage erlitten hatte, wurde ein Gesetz erlassen, welches all denen die Todesstrafe in Aussicht stellte, die es wagen sollten, noch einmal den Krieg gegen Megara zu fordern. Solon aber, der selbst aus Salamis stammte, wußte, daß die Athener nur Pech gehabt und ein weiterer angestrengter Versuch gewiß gelingen werde. Er verfaßte also eine Elegie, die berühmte Salamis-Elegie, übte wie ein Schauspieler die Partie des Wahnsinnigen ein und stürmte bekränzten Hauptes auf die Agora[7]. Dort ließ er dann in gestellter Verzückung die von ihm gedichteten Verse hören. Als er geendet hatte, waren die Athener so sehr in Begeisterung geraten, daß sie die Geschäfte des Friedens sofort aufgaben, in den Kampf zogen und Salamis eroberten.

Ein Paradoxon

Solon war zum Archon[8] gewählt worden, und nachdem er eine timokratische Verfassung eingerichtet sowie Maßnahmen gegen die schlimmsten sozialen Mißstände ergriffen hatte, stellte er für seine Athener auch Gesetze auf. Als diese dann vorlagen, kam ein Bürger zu ihm und fragte: „Warum, Solon, hast du denn kein Gesetz gegen Vatermord aufgestellt?“ Solon doch antwortete: „Weil ich ihn nicht erwarte.“

Das Wesen des Gesetzes

Einst gefragt, was denn eigentlich ein Gesetz sei, antwortete Solon: „Das Gesetz ist ein Ding, welches der Spinnwebe gleicht; es hält nämlich etwas Leichtes und Schwaches fest, etwas Größeres aber schlägt durch und kommt davon.“

Vorsorge ist Heilen

Irgendwann einmal fragte jemand den Solon, dessen Weisheit allbekannt war, wie man die Menschen von bösen Taten am besten abhalten könne. Solon aber gab zur Antwort: „Am wenigsten Böses würden die Menschen tun, wenn wenigstens die Seelen derer, denen nichts Böses angetan worden ist, so gesund ausgebildet wären, daß sie Mitleid haben mit denen, welchen Böses angetan worden ist.“

Reichtum

Als wieder einmal einer den Reichtum über alle Maßen lobte, sagte Solon: „Reichtum zeugt Überdruß, Überdruß zeugt Übermut.“

Menschliches, allzu Menschliches

Solon hatte einen Sohn, der noch vor dem Vater starb. Als der Sohn aber gestorben war, gab sich Solon ganz seiner Trauer hin. Das verwunderte einen seiner Mitbürger, denn die Vorstellung eines Weisen mit derart irdischen Empfindungen erschien ihm als Widerspruch. Der Mann trat also auf Solon zu und fragte ihn mit überlegen klingender Stimme: „Warum weinst du, Solon, über deinen Sohn? Das bringt doch ganz und gar nichts.“ Solon aber erwiderte: „Genau, deshalb weine ich ja.“

Genie oder Wahnsinn II

Nachdem Solon zuerst die Schulden der verarmten Athenern getilgt, die in Schuldsklaverei Weggeführten zurückgekauft, Rückgabe des konfiszierten

Gutes angeordnet und dann Athen eine erste Verfassung gegeben hatte, war die Masse des Volkes ihm so sehr ergeben, daß sie ihn bat, sich zum Tyrannen aufzuschwingen. Solon lehnte das freilich ab, doch konnte er seinen Verwandten Peisistratos nicht davon abbringen, mehr oder weniger heimlich die Tyrannis für sich zu erstreben. Solon also, der damals schon etwa 80 Jahre alt war, bewaffnete sich mit Speer und Schild und eilte in die Versammlung des Volkes, wo er warnend seine Stimme erhob und sprach: „Athener, ich bin weiser als die einen und tapferer als die anderen von euch; weiser als diejenigen, welche die List des Peisistratos nicht durchschaut haben, tapferer als jene, welche über alles informiert sind, aus Furcht aber schweigen." Sobald die Versammlung das gehört hatte, erklärte sie Solon für verrückt; Peisistratos aber kam ohne Umstände an die Macht. Da nahm Solon Speer und Schild zum letzten Mal, legte sie vor dem Amtsgebäude der Strategen nieder und sagte: „Ich habe dir gedient, mein Vaterland, mit Wort und Tat." Dann ging er weg und verließ Athen für immer.

Ein Mann, ein Wort

Solon zweifelte einst den Schwur eines zwielichtigen Menschen an, und als dieser fragte, was denn glaubwürdiger sei als ein Eid, sagte Solon lakonisch kurz: „Ein aufrichtiger Charakter."

Lobe den Tag nicht vor dem Abend!

Nachdem Solon Athen verlassen und Ägypten sowie Zypern besucht hatte, kam er als Gast an den Hof des mächtigen Lyder-Königs Kroisos. Dieser hatte kürzlich seine Herrschaft angetreten und schwelgte nun in seinem neuen Glück, welches er dem Gast aus Athen vor Augen führte, indem er diesem seine Reichtümer zeigte. Nach langer Führung durch die Schatzkammern blickte Kroisos den Solon zufrieden an und sagte: „Du wirst wohl zugeben müssen, Solon, daß ich der glücklichste von allen Menschen bin.“ Solon aber erwiderte: „Niemand ist vor dem Tode glücklich zu nennen.“ Kroisos in seiner Lage verstand diese Worte freilich nicht und meinte weiterhin, mit unsterblichem Glück gesegnet zu sein. Viele Jahre später jedoch sollte er begreifen lernen: Als die Perser unter Kyros dem Großen gegen die Grenzen seines Reiches vordrangen, befragte er das Orakel von Delphi, ob er Krieg führen solle. Das Orakel gab ihm folgenden Bescheid: „Wenn du den Fluß Halys überschreitest, wirst du ein großes Reich zerstören.“ Kroisos aber, der das Orakel stets freigebig beschenkt und außerdem nie an der Unsterblichkeit seines Glückes gezweifelt hatte, war dankbar für diese Worte. Er rüstete, zog in den Krieg gegen Persien und wurde vollkommen besiegt; das große Reich nämlich, von dem die Pythia gesprochen hatte, war sein eigenes gewesen.

Kroisos wurde gefangengenommen und zur Hinrichtung geführt. Als er auf dem Scheiterhaufen stand und die ersten Flammen emporzüngelten, erhob er sein Haupt und rief mit klagender Stimme: „Solon, Solon, du hattest recht, und ich begreife nun!" Diese Worte hörte der Perserkönig selbst, und er begehrte zu wissen, wer jener Solon sei und in welcher offensichtlich sehr bedeutenden Sache er recht gehabt habe. Sofort befahl er, das Feuer zu löschen. Nachdem er aus des Kroisos Munde vernommen, was der Weise ihn wohl etwa 15 Jahre zuvor gelehrt hatte, begnadigte er den Kroisos und machte ihn wenig später zu seinem Berater, um von ihm Solons Kunst der weisen Staatsführung zu erlernen. Auf diesem Wege trug Solon dazu bei, daß Persien sich zu einem Weltreich entfaltete.

Eitelkeit

Kroisos verspürte eines Tages ein ganz besonderes Bedürfnis, dem Solon, seinem Gast, die Herrlichkeit seines königlichen Daseins zu beweisen. Er ließ sich also vollends herausputzen und mit dem gesamten königlichen Ornat ausstatten. Vor Schmuck und Pracht nahezu unbeweglich, schleppte sich Kroisos auf seinen Thron, der nicht weniger in reichster Verzierung prangte, und befahl, Solon solle hereingeführt werden. Als dieser eingetreten war, erhob Kroisos seine herrscherliche Stimme und fragte mit königlichem Stolz: „Hast du, Solon, jemals Schöneres gesehen als mich?“ Darauf antwortete Solon mit Philosophenmut: „Ja, einen Pfau.“

Filser-Griechisch

Solon verbrachte seine letzten Jahre reisend. Nachdem er auf Zypern bei der Gründung einer Stadt, die nach ihm Soloi benannt worden war, beratend Unterstützung geboten, und dann Kroisos besucht hatte, trat er eine weitere Reise an, um eine zweite Stadt, Soloi in Kilikien, zu gründen. Sobald das in Athen bekannt geworden war, kamen zahlreiche Athener herüber, um bei dem Mann zu leben, der ihnen so viel Gutes getan hatte. Im Laufe der Jahre aber verkam das attische Griechisch dieser Auswanderer in einer keineswegs attischen Gegend mehr und mehr, bis nur noch ein Sammelsurium aus fehlerhaften Wendungen übrig war. Noch heute werden daher sprachliche Fehler, die auch in den modernen Sprachen ja fast zur Regel geworden sind, Soloizismen genannt.

Anacharsis

„Beherrsche die Zunge, den Bauch und den Sex!“

Anacharsis (~ 600 v. Chr.) war ein Sohn des Gnuros und Bruder des skythischen Königes Kaduidas. Seiner außerordentlichen menschlichen Größe wegen wurde er zu den Sieben Weisen gezählt. Anacharsis hatte eine griechische Mutter, weshalb er des Altgriechischen mächtig war. Sowohl seinen Bruder als auch die anderen Skythen überragte er weit an geistiger Kraft und Erkenntniswillen. Daher verließ er seine Heimat und begab sich auf Reisen durch die kultivierte Welt. In Athen schloß er Freundschaft mit dem edlen Solon, da er begehrte, die Fülle der griechischen Weisheit in sich aufzunehmen, Solon damals aber der Weiseste in der hohen Veste des hellenischen Geistes war. Er erlangte große Berühmtheit durch seine Selbstbeherrschung, seine moralische Integrität, seinen blendenden Verstand. Vor allem Staunen erregte jedoch seine außerordentliche Schlagfertigkeit: Mit kurzen, spitzen, treffenden Worten, reich an Geist und gesalzenem Witz, pflegte er die Dummheiten der Athener deutlich zu machen. Diese Gewohnheit führte in Griechenland zur Prägung des Begriffes „Skythische Redeweise".

Seine Wallfahrten dienten allein dem geistigen, moralischen und ästhetischen Gewinn: „Des Goldes bedarf ich nicht, sondern nach Hause kommen zu den Skythen muß ich ein trefflicherer Mann."

Nachdem Anacharsis aber nach Skythien heimgekehrt war und versucht hatte, dem rauhen Volke höhere menschliche Lebensart näherzubringen, wurde ihm dies schlecht gedankt. Als er einst griechische Mysterien zelebrierte, nahm sein Bruder ihm dies so sehr übel, daß er ihn gelegentlich einer Jagd mit gefiedertem Pfeile durchbohrte und zu Tode brachte.

Wie man wahre Freundschaft schließt

Als Anacharsis von des Solon Weisheit vernommen hatte, machte er sich sogleich auf die lange und beschwerliche Reise vom dunklen Skythien nördlich des Kaspischen Meeres nach dem strahlenden Athen, um mit dem großen Manne Freundschaft zu schließen. In Athen angekommen, begab er sich unverzüglich zum Hause des Solon und klopfte an die Türen. Sobald diese geöffnet worden waren und Solon den Unbekannten begrüßt und nach seinem Begehr gefragt hatte, sagte Anacharsis: „Ich, Anacharsis aus Skythien, bin gekommen, um mit dir, Solon, Freundschaft zu schließen." Solon vernahm's, doch weil er des Anacharsis Sinn genau prüfen wollte, sprach er: „Besser ist, zu Hause Freundschaften zu schließen." Anacharsis aber erwiderte: „Nun denn, du bist ja zu Hause."

Eine Schande des Vaterlandes

Die Griechen betrachteten ihre skythischen Mitmenschen als rohe Barbaren. Dies taten sie freilich nicht ganz zu Unrecht, wie ihr Haß humanistischer Bildung, lediglich von der Bildungsfeindlichkeit unserer Tage übertroffen, und im Gefolge dessen der Ausgang des Anacharsis deutlich zeigen. Dennoch war Anacharsis den Seinen verbunden und von dem aufrechten Eifer getrieben, ihnen Humanität und Kultur nach Hause zu bringen.

Als einst ein verkommener Athener auf ihn zutrat, nach Art des athenischen Marktpöbels xenophoben Unflat von sich zu schleudern begann und den Weisen ob seiner Herkunft schmähte, quittierte Anacharsis: „Mein Vaterland ist für mich eine Schande, du doch bist eine Schande für dein Vaterland."

Wasserscheu

Das Siedlungsgebiet der Skythen grenzte im Südwesten an das Schwarze Meer. Des Anacharsis Heimat muß aber in den tiefsten Tiefen der asiatischen Steppe gelegen haben, denn seine Furcht vor der See war legendär.

Als er einst einem Gespräch über Wasserfahrzeuge beiwohnte und vernahm, daß die Wand eines Schiffes nur vier Finger dick sei, kommentierte er trocken: „Vier Finger trennen also den Schiffer vom Tod."

Als ein Seekundiger in seinem Beisein gefragt worden war: „Welche Schiffe sind die sichersten?", antwortete Anacharsis: „Jene, die an Land gezogen sind."

Als man ihm die berühmte Frage gestellt hatte, welche Zahl größer sei, die der Lebenden oder die der Verstorbenen,[9] fragte er: „Und zu welchen zählst du die Schiffer?"

Pittakos

„Das Amt offenbart den Menschen."

Pittakos von Mytilene (650 – 570 v. Chr.), des Hyrradios Sohn, war einer der edelsten Geister des Altertums. 600 Jahre vor Jesus formulierte er die Goldene Regel, von der heute die meisten denken, sie sei gerade auf dem Mist des Erzrassisten Kant gewachsen. Er zeichnete sich neben seiner Gerechtigkeit und Besonnenheit vor allem durch seine Weisheit und Tapferkeit aus, von welchen Kardinaltugenden er weise gesagt hat: „Es ist ein Zeichen kluger Menschen, drohenden Schwierigkeiten vorzubeugen, ein Zeichen der Tapferkeit aber, die dann noch verbleibenden mutvoll zu niederzuringen." So führte er in den Jahren 608 bis 606 v. Chr. die Mytilener im Krieg um Sigeion gegen die Athener, welche die mytilenische Siedlung einnehmen wollten, und verschaffte den Seinen heldenhaft den Sieg.

Im Jahre 589 v. Chr. zum Aisymneten, zum Schlichter also, berufen, beendete er die Kämpfe zwischen Adel und Volk, ordnete den Staat innerhalb von zehn Jahren, indem er dort wie Solon zu Athen die ersten schriftlichen Gesetze gab, und verbannte einige Aristokraten, darunter die berühmte Dichterin Sappho und den Poeten Alkaios, welcher im Krieg gegen die Athener vom Schlachtfelde geflohen war. Danach trat er sofort von der absoluten Herrschaft freiwillig zurück, da es schwer sei, beständig der Tugend treu zu bleiben. So war er, ein Tyrann, das Gegenbild unserer demokratischen Herrscher: Er trat zurück, nachdem er das Gemeinwesen gründlich gebessert hatte, sie, nachdem sie dem Gemeinwesen gründlich geschadet haben, treten dennoch nicht zurück.

Bescheidenheit

Die hehre Tugend des Pittakos zeigte sich am deutlichsten, als man ihm anbot, von dem für seine Mitbürger eroberten Land so viel für sich selbst zu nehmen, wie viel er wolle; da nämlich nahm er seinen Speer, trat hervor und sprach: „Nur das, welches mein Speer zu überschatten vermag." Er entsandte das Geschoß, und dort, wo es in die Scholle fuhr, hatte seine Gier ihre Grenze.

Der Heiratspragmatiker

Pittakos fragte einmal einen seiner Freunde, einen jungen Junggesellen: „Warum, Freund, heiratest du nicht?" Dieser antwortete, einem griechischen Denker ganz angemessen, mit bestrickender Logik: „Nehme ich eine Schöne, wollen sie alle, nehme ich eine Häßliche, habe ich den Schaden." Daraufhin erwiderte ihm Pittakos mit noch bestrickenderer Logik: „Aber wenn du eine Schöne nimmst, hast du nicht den Schaden; nimmst du eine Häßliche, wollen sie nicht alle."

Tugend gegen Körperkraft

Als Mytilene und Athen in Konflikt geraten waren und die beiden Heere sich gegenüberstanden, nutzte Pittakos Hochmut und Beschränktheit des athenischen Heerführers Phrynon, welcher den olympischen Siegeslorbeer im Pankration[10] davongetragen hatte, und schlug einen Zweikampf der Feldherren vor. Phrynon ging darauf ein, seine Stärke und Kampfkunst aber wurden von Pittakos Klugheit besiegt. Dieser nämlich fing seinen Gegner mit einem Netz, das er geschickt verborgen gehalten hatte, und gab Phrynon den Todesstoß.[11] So gewann Pittakos den Krieg, in dem nur ein Mann gefallen ist.

Bias

„Die meisten sind schlecht.“

Bias von Priene (590 – 530 v. Chr.), Gerichtsredner und Staatsmann, ist vor allem wegen seiner vorbildlichen Gerechtigkeit unter die Sieben Weisen aufgenommen worden und in die Geschichte eingegangen. In seiner Eigenschaft als Justizbeamter war er überaus milde und hatte stets das Wohl der ungerecht Angeklagten im Auge. Er könnte, wenn man mehr über ihn wüßte, allen Juristen unserer Zeit als großes Vorbild dienen. Doch auch das spärliche Überlieferungsgut ergibt das Bild eines weisen Mannes, der stets die Mitmenschlichkeit vor allem anderen so hochhielt, daß der herrliche Heraklit ihm freilich mit vollem Rechte mehr Geist denn jedem anderen zuschrieb, die Stadt Priene ihm nach seinem Ableben aber einen heiligen Hain weihte.

Natürlich könnten wir auch in Bezug auf Bias uns den modernen Wissenschaftsgeistern anschließen, seine echten Worte von seinen unechten scheiden, seine echten Taten von seinen unechten und so tun, als wäre eine derartige Scheidung erstens nötig, zweitens möglich. Lieber aber tun wir – wie stets und immer – das, was die Alten getan haben: Offensichtlich Unwahres nehmen wir zur Kenntnis und berichten es wie alles andere, wenn es lehrreich ist, heilsam für die Seele, zur Menschenbildung beiträgt. Uns nämlich war ja noch nie daran gelegen, unbedingt immer den neuesten Forschungsstand zu referieren, welcher ja morgen schon wieder Schnee von gestern sein wird, sondern all den strebsamen und nach Vervollkommnung trachtenden Menschen möglichst dienlich zu sein.

Dem Schweigenden hilft das Glück

Bei aller Milde und Nachsicht wußte Bias doch stets den lasterhaften Menschen von dem edlen zu unterscheiden. Als er einst eine Seereise unternahm, kam ein heftiger Sturm auf. Bias wahrte seine philosophische Ruhe und verlor auch seinen Humor nicht. Die anderen Passagiere aber gerieten in große Furcht. Sie begannen zu jammern und zu klagen und einige, von denen Bias wußte, daß sie Übeltäter waren, flehten die Himmlischen um Hilfe an. Bias doch wandte sich diesen zu und sagte: „Schweiget still, damit die Götter nicht merken, daß ihr mit uns schifft."

Liebe deinen Nächsten wie dich selbst

Während alle anderen, die es sich leisten konnten, Sklaven kauften, um sich ihrer körperlichen oder geistigen Kräfte zu bedienen,[12] erwarb Bias in Knechtschaft Gefallene, um ihnen Bildung und Freiheit zu geben. So kaufte er einst zahlreiche messenische Mädchen, die in Gefangenschaft geraten waren, frei, nicht aber, um sich an ihren körperlichen Vorzügen zu erfreuen, sondern um ihnen wie eigenen Töchtern eine reiche Bildung zu vermitteln. Nachdem er sie zu weisen jungen Damen gemacht, schickte er sie in ihre Heimat zurück. So hatte er ihnen das Rüstzeug verschafft, welches auch den Frauen seiner Zeit ein würdiges Leben ermöglichte.

Seid listig wie die Schlangen

Als Alyattes[13], der König von Lydien, vor die Tore Prienes gerückt war und die Stadt im harten Klammergriff der Belagerung hielt, so daß die Bevölkerung an Hunger zugrunde zu gehen drohte, zeigte Bias auch seine glänzenden Fähigkeiten als wahrer Staatsmann, der sowohl im Reden als auch im Handeln großartig sein muß. Bias kannte die Regeln des Belagerungskrieges sowie die psychologische Natur desselben. Er wußte, daß ebenso die zum Ausharren gezwungenen Gegner entnervt waren und vieles zu leiden hatten. Deshalb schritt er zu einer klugen List, die zu einem Lehrstück wurde, das man oft nachgeahmt hat. Er fütterte also zwei Maultiere, bis sie dick und fett waren, und entließ sie wie zufällig entlaufene ins Heerlager der Feinde. Der Anblick dieser Tiere entmutigte die Lyder so sehr, daß sie Friedensverhandlungen aufnahmen. Bevor die lydischen Gesandten jedoch in die Stadt eingelassen wurden, hatte Bias Haufen aus Sand aufgeschüttet und Getreide daraufgestreut. Als aber jene die reichen „Vorräte“ der Leute von Priene sahen, glaubten sie, die Stadt könne nicht ausgehungert werden, und berichteten ihrem König die Lage. Alyattes aber hob die Belagerung umgehend auf.

Berühmte letzte Worte

Viele große Männer wie Frauen sind mit weisen und unsterblichen Worten auf den Lippen hingeschieden. So auch Bias, dessen letzte Worte aber nicht nur weise gewesen sind, sondern überdies einen Menschen gerettet haben: Wieder einmal war ein Unschuldiger angeklagt. Bias, der schon vom Tode gezeichnet war, ließ sich von seinem Enkel aber dennoch zur Gerichtsstätte führen, um den Menschen zu verteidigen, und noch einmal hielt er eine großartige Rede für die Gerechtigkeit. Nachdem er die Richter überzeugt hatte und der Angeklagte freigesprochen worden war, lehnte er sich erschöpft an die Brust seines Enkels und starb in dessen Armen. So hatten jene Worte, mit welchen Bias in den Tod hinübergeführt worden war, den Tod eines anderen Menschen aufgeschoben.

Pythagoras

„Freunde besitzen alles gemeinsam."

Pythagoras von Samos (570 – 480 v. Chr.), Begründer der Begriffe „Philosophie“ und „Kosmos“, ist für uns, die wir ja Weisheit von ihm Lernen wollen, als Mathematiker und Naturphilosoph unbedeutend, als Lehrer des Gewissens sowie der Selbstprüfung jedoch einer der wichtigsten Führer, zumal sowohl diese als auch jenes über Quintus Sextius und Seneca Eingang in die Stoa gefunden haben. Mag der Satz des Pythagoras auch noch so sehr das Einzige sein, welches die Heutigen von ihm kennen wollen, und des Mannes Bedeutendstes gelten, ist er dennoch weder eine Schöpfung des Philosophen noch von irgend einer Bedeutung für die Menschheit, zu deren geistig-moralischer Besserung er keineswegs beiträgt.

Pythagoras stammte aus wohlhabendem Hause. Anders als die allermeisten Söhne reicher Eltern heute war er aber mitnichten ein verzärtelter Knabe ohne höhere Interessen. Schon in seiner Jugend wandte er sich enthusiastisch der Weisheit zu: Er unternahm Studienreisen nach Ägypten und Babylon, wo er von den Magiern, den Priestern des Zarathustra, in Astrologie und anderen bizarren Wissenschaften unterwiesen ward, auch aber ein dualistisches Weltbild kennenlernte. Von den Ägyptern und Chaldäern, den großen Mathematikern des frühen Altertums, hat Pythagoras wohl auch seine außerordentlichen mathematischen Kenntisse erworben. Zu Delphi wurde Pythagoras von Themistokleia[14] in der Weltweisheit unterwiesen. Die Anfangsgründe seiner Theologie legte ein nicht minder merkwürdiges Haupt: Pherekydes von Syros. Von diesem – er war ein verkappter Orphiker - lernte Pythagoras auch höchst Bedeutendes über die Seele, deren Unsterblichkeit und Wanderung Pherekydes als erster zum Gegenstand philosophischer Schriften gemacht hat.

Als im Jahre 538 v. Chr. Polykrates den Tyrannenthron zu Samos bestieg, verließ Pythagoras seine Heimat, obschon der Herrscher den besten Häuptern Griechenlands einen Musenhain eröffnet hatte, und ging nach Kroton in Unteritalien, welches die Römer später trefflich Magna Graecia nannten. In Kroton gründete er seine Schule. Dreihundert Schüler lebten in dieser Einrichtung, welche nicht nur eine Philosophenschule gewesen ist, sondern darüber hinaus eine politische Einrichtung, eine Kultstätte des Apollon und der Musen sowie ein Ort der Heilkunde. Zusammen mit seiner trefflichen Gattin Theano streute er ein erstes Mal die geistige Saat der Moralphilosophie über die italische Scholle aus und lehrte die griechische Welt das hehre Wesen wahrer Freundschaft, die hohe Kunst der Selbstprüfung sowie das edle Streben nach humaner Tugend. Ein echter Aristokrat im besten und also wahrsten Sinne des Wortes trug er die hehre Würde des menschlichen Namens voran. Als die Bewohner von Sybaris[15], einem Sodom oder Gomorra der griechischen Antike, dies nicht länger ertragen konnten, erklärten sie Kroton, welches Pythagoras durch eine einzige Rede zur Tugend geführt hatte, den Krieg, unterlagen aufgrund ihrer Verkommenheit und verloren ihre Stadt. Nach der Zerstörung von Sybaris stellte sich Pythagoras aktiv gegen die Demokraten, also gegen die freiwilligen Sklaven des Bauches, und verfolgte mit Engagement die ethische Besserung Großgriechenlands. Wie es aber immer kommen muß, wenn das Bessere sich wider die Mehrheit stellt, so kam es auch da: Kylon, ein verkommener Adliger, trat hervor, hetzte das Volk auf, stachelte dessen Gier und trieb es dazu, die Aufteilung der sybaritischen Feldmark zu verlangen. Pythagoras verweigerte dies doch ebenso, wie er die Auslieferung der sybaritischen Flüchtlinge verweigert hatte. Aus Haß und Neid aber steckten die Kyloneer das Haus des Milon, eines vielfachen Olympioniken, worin die Pythagoreer als Gäste weilten, in Brand. Pythagoras floh, machte jedoch vor einem Bohnenfelde halt, da er die Bohnen nicht zertreten wollte, und wurde mit der Mehrzahl seiner Anhänger – es waren derer etwa vierzig – getötet. Einer anderen Überlieferung zufolge floh er mit den Seinen nach Metapont.

Die Kunst der Überredung

Bis zu diesem Tage ist das Bohnenverbot der Pythagoreer ein Geheimnis, und auch heute noch weiß niemand, weshalb die Pythagoreer Bohnen weder ernten noch essen durften. Tatsache ist, daß die Bohnen den Pythagoreern heiliger waren als die Schaubrote im Tempel den Juden, die Hostien im Tabernakel den Christen.

Als Pythagoras einst über die Fluren vor den Mauern Krotons wallte, da begegnete er einer Kuh, welche im Begriffe war, ein Bohnenfeld zu betreten, um sich an der geweihten Frucht gütlich zu tun. Pythagoras, von dem bereits bekannt war, daß kein Mensch seiner Redegewalt widerstehen konnte, sprang sogleich herzu, pflanzte sich vor dem Tiere auf und begann seine bisher gewandteste, kunstvollste Rede. Nach nur wenigen Worten schon hatte er das Rindvieh dazu überredet, nie mehr Bohnen zu fressen.

Der König der Lüfte läßt sich herab

Pythagoras hatte kraft seiner Rede Macht über Mensch und, wie wir gesehen haben, Tier. Als er einst zu Olympia weilte, stieg gelegentlich einer Unterhaltung über Vogelzeichen ein großer Adler aus den Lüften herab, setzte sich auf des Pythagoras Arm und entbot dem Weisen seinen Gruß. Dieser streichelte und herzte das Tier, sprach einige Worte zu ihm und ließ es dann wieder in die Lüfte emporsteigen. So zeigte sich allen, daß, da selbst der Vogel des Göttervaters sich vor ihm verneigte, die ganze Macht des Orpheus in ihm wohne, welche er von seinem Lehrer Pherekydes geerbt hatte.

Pythagoras und Nessos

Hatte Orpheus Menschen, Tiere und Steine zu menschlichen Regungen veranlaßt, so brachte es Pythagoras immerhin auf Menschen, Tiere und Flüsse. Als er einst mit vielen Schülern den Fluß Nessos[16] überquerte, versäumte er nicht, diesen mit lauter Stimme höflich zu grüßen: „Sei gegrüßt, Nessos!" Der aber grüßte mit ebenso lauter Stimme höflich zurück: „Sei gegrüßt Pythagoras!"

Ein Weiser mit Biß

Pythagoras war einst mit seinen Schülern in Etrurien, dem Lande der Etrusker, unterwegs. Während sie über die karge Scholle dahinschritten, schoß eine giftige Natter unter einem Stein hervor, um den Meister zu beißen. Pythagoras aber wich geistesgegenwärtig zurück. Als er die Schlange züngelnd zu seinen Füßen sich winden sah und erkannte, daß sie ihren Mordversuch nicht bedauere wie jene, welche einst nach Zarathustra geschnappt hatte, fuhr der Schlangenhaß des Orpheus in ihn. Pythagoras stürzte sich zu Boden, stieß mit erzürntem Haupte pfeilschnell nach der Natter und erlegte sie durch scharfen Biß.

Der rechte Zeitpunkt

Die Pythagoreer und Pythagoreerinnen waren gewiß nicht prüde im modernen Sinne des Wortes, ebenso gewiß aber weit davon entfernt, dem Leib und seinen Begierden jene absolute Herrschaft zuzugestehen, welche in unseren Tagen geradezu gefordert wird. Während Männer unserer Zeit zum Psychologen hasten, sich sofort analysieren und verhaltenstherapieren lassen, falls ihnen nicht gelungen, mindestens fünf Dutzend Mal im Monat erfolgreichen Geschlechtsverkehr mit mindestens einem halben Dutzend verschiedener Frauen zu verwirklichen, sah Pythagoras auch die Gefahren und Nachteile selbst der natürlichsten Begierde.

Als ihn einst irgendeiner, welcher den Lehren des Meisters nur von ferne gelauscht hatte, fragte: „Wann soll ich sexuellen Umgang pflegen?", antwortete Pythagoras: „Immer dann, wenn du schwächer zu werden wünschst, als du bist."

Selbstprüfung

Gewöhnlich urteilen Menschen nur über ihren Nächsten, Selbstkritik ist beim inneren Schweinehund verpönt. Man ist gewohnt, den Splitter im Auge des Gegenübers auszuforschen und zu finden, nicht aber, den Balken im eigenen Auge zu gewahren. Anders als der grobe Haufe damals und heute besaßen die Pythagoreer schönsten Grund zu Selbststolz, welchen nicht zuletzt ihre tägliche Selbstprüfung gelegt hatte. Jedes Mitglied der Philosophenschule pflegte beim Betreten des Hauses, in welchem alle gemeinsam wohnten, sich selbst zu fragen: „Wo tat ich Unrecht, wo nicht; wo habe ich meine moralische Pflicht nicht erfüllt."

Diese Übung hatte Pythagoras vermutlich von Kleobulos, dem trefflichen Herrscher der Stadt Lindos, kennengelernt. Dieser war zu der Zeit, da Pythagoras auf Samos, nicht weit von Lindos entfernt, seine frühe Jugend verbracht, als einer der in ganz Griechenland berühmten Sieben Weisen[17] bekannt gewesen. Seine Maxime doch lautete: „Gehst du aus: Was will ich tun? Kehrst du heim: Was habe ich getan?"

An diese Lebensregel hielt sich noch fast 700 Jahre später einer der bedeutendsten geistigen Erben des Pythagoras: Lucius Annaeus Seneca.

Du sollst seinen Namen nicht mißbrauchen

Die jüdischen Gelehrten und Weisen behaupteten schon vor über zweitausend Jahren, daß die griechischen Philosophen die jüdische Bibel gekannt und sich anverwandelt haben. Ein wahrer Kern dieser Behauptung mag in dem Umstand durchschimmern, daß genau zu der Zeit, da die Juden das Aussprechen des Namens Gottes verboten, Pythagoras in Babylonien weilte, wo die Juden gerade in Gefangenschaft lebten, genau zu der Zeit aber, da die Juden aus Babylon in ihr Land zurückkehrten, Pythagoras nach Großgriechenland ging, seine Schule gründete und das Aussprechen seines Namens untersagte.

Wenn ohne Unfähigkeit zu Selbstkritik jemals einer unfähig zu Selbstzweifeln gewesen ist, dann Pythagoras. Wann auch immer jemand eine Lehre der Pythagoreer in Frage stellte, hatten sie Totschlagargument und Wahrheitsbeweis sogleich zur Hand: „ER hat es gesagt."

Jeder US-amerikanische Fernsehprediger muß den Hut ziehen vor solch einem Gottkomplex. Daß ein fundamentalcharismatischer Referend, gechannelt in Zungen lallend oder sogar zum Burn-A-Coran-Day hetzend, sich selbst nicht verwechsle mit

Pythagoras, welcher auf die denkbar liebenswürdigste Art und Weise höchst berechtigt eingebildet gewesen ist, dürfen wir darüber hinaus freilich nicht auch noch erwarten.

Gespaltene Persönlichkeit

Pythagoras vermochte nicht nur mit Flüssen zu sprechen, Tiere zu überreden oder von ihnen verehrt zu werden, sondern war überdies sogar zu einem ganz außerordentlichen Multitasking in der Lage. So weilte er einst etwa unter seinen Schülern zu Kroton und unterrichtete sie in der Philosophie. Dies wäre nun nichts Besonderes gewesen, wenn er nicht zur gleichen Zeit dasselbe auch noch in Tauromenion[18] auf Sizilien getan hätte.

Tod und Auferstehung

Anders als den Gurus unserer modernen Zeit, obwohl diese schon der bloße erste Anblick unglaubwürdig erweist, dürfte dem Pythagoras, obgleich er ja tatsächlich weit überlegene Kenntnisse und Fähigkeiten auf allen Gebieten sowohl des geistigen als auch des praktischen Lebens besaß, einigermaßen schwergefallen sein, den Glauben an seine überirdische Natur lebendig zu erhalten. Das Altertum vergötterte nämlich nur jene, deren Ansprüche mit ihren Leistungen übereinstimmten. Um seine Göttlichkeit immer wieder einmal öffentlich unter Beweis zu stellen, unternahm Pythagoras daher so manches. Gelegentlich der Olympischen Spiele etwa ließ er seinen vergoldeten Schenkel sehen, auf diese Weise offenbarend, daß er in direkter Linie von Apollon abstamme.

Um jedoch den Thron seiner göttlichen Majestät unerschütterlich fest zu gründen, bedurfte es einer ganz anderen Maßnahme: Eines günstigen Tages nahm Pythagoras den Spaten zur Hand und hub in seinem Hause eine tiefe, breite Grube aus. Sorgfältig bedeckte er die weite Öffnung und ließ nur eine schmale Aussparung übrig, in welche er eine kleine unscheinbare Falltür einbaute. Als das Werk vollendet war, bat er seine Mutter zu sich und trug ihr auf, überall kundzutun, daß Pythagoras gestorben sei, während der kommenden Zeit aber sämtliche öffentlichen Ereignisse – wichtige und unwichtige – aufzuschreiben. Daraufhin stieg Pythagoras in seine neue Behausung hinab. Da geraume Zeit vergangen war und Pythagoras den unbändigen Drang verspürte, sein Kellerloch endlich zu verlassen, stieg er gänzlich abgemagert wieder empor, ließ sich die Aufzeichnungen seiner Mutter reichen, trat damit vor die Versammlung des Volkes von Kroton und ließ jene wissen, daß er soeben aus den Tiefen des Hades zurückgekehrt sei. Nachdem der „Auferstandene“

aber seinen Ereigniskatalog verlesen hatte, waren die Versammelten teils starr vor Erstaunen, teils weinten sie vor Begeisterung. Sogleich wurde dem klugen Weisen göttliche Ehre erwiesen und der Beschluß gefaßt, auch die begabtesten Frauen in seinen Unterricht zu schicken, darunter die spätere Gattin des Pythagoras, die hochbegnadete Theano.

Simonides

„Einem jeden ist das Schuldige zu leisten gerecht.“

Simonides von Keos (557 – 467 v. Chr.) war ein bedeutender Dichter. Er gilt als Begründer des Epinikions (chorisches Preislied beim Einzug eines heimkehrenden Siegers) sowie der Mnemotechnik. Zur Zeit des Tyrannen Hipparchos, welcher als maßvoller und weiser „Kulturkönig" von 527 bis 514 v. Chr. herrschte, weilte er in Athen. Nach dem Tode des Hipparchos ging er in die Fremde, kehrte zur Zeit der Perserkriege aber wieder nach Athen zurück, wo er Freundschaft mit Themistokles pflegte und im musischen Agon fast sechs Dutzend Male gewann. Nachdem die spartischen Hopliten unter Leonidas bei den Thermopylen den Heldentod gestorben waren, dichtete er jenes hochberühmte Epigramm, welches durch den großen Schiller uns allen bekannt geworden ist: „Wanderer, kommst du nach Sparta, verkündige dorten, du habest / uns hier liegen gesehn, wie das Gesetz es befahl."

Im Jahre 476 v. Chr. lud ihn Hieron I. von Syrakus ein, zusammen mit seinem Neffen Bakchylides, einem bedeutenden Chorlyriker, nach Sizilien an seinen Hof zu kommen. Dort wirkte er bis zu seinem Tode als Dichter, Diplomat und politischer Berater.

Was ist Wahrheit?

Eines Tages fragte Hieron I. von Syrakus den Simonides nach dem Wesen der Götter. Dieser aber bedang sich einen Tag Bedenkzeit aus, dann zwei, dann vier und immer so fort. Gefragt, weshalb er das tue, sagte er: „Je länger ich mir die Sache überlege, desto unergründlicher scheint sie mir zu sein."

So lernte Hieron begreifen, daß das Göttliche in uns wohnt und seine Erkenntnis das unlöschliche Feuer der geistigen Liebe in unserem Innersten entfacht, so daß wir fürder mit unbändigem Drange danach streben, seine ganze unendliche Fülle zu ergründen. Auf diese Weise lernte er aber auch, daß, wer sich selbst erkennen und lieben lernen will, mit sich selbst sein muß.

Ein rettender Traum

Dem Simonides träumte einst, daß er zur See unterwegs war: Er landete an einer Küste, wo er einen unbestatteten Leichnam fand, welchen er umgehend beerdigte. Da erhielt er von dem Verschiedenen den warnenden Bescheid, sich am folgenden Tage nicht einzuschiffen. Nachdem Simonides erwacht war, empfand er die tiefe Wahrheit in dem Traumeswort und blieb an Land zurück. Unmittelbar nach des

Schiffes Abfahrt erhub sich ein heftiger Sturm, zerschmetterte das Fahrzeug und versenkte es mitsamt den Schiffern. Obschon Simonides, welcher dies beobachtet hatte, seiner Reisegefährten Los schmerzlich bedauerte, war für ihn dennoch eine freudige Beruhigung, sein Leben einem Träume lieber denn dem Schiffe anvertraut zu haben. Nie vergaß er der ihm zuteil gewordenen Gnade und verewigte ihr Gedenken in einer wunderschönen Dichtung. Auf diese Weise errichtete er dem Geiste des Verschiedenen, seinem Wohltäter, in der Menschen Herzen ein Denkmal, welches würdiger war und dauernder denn jenes, welches er ihm in der trockenen Sandwüste errichtet hatte.

Nichts geht über ein gutes Gedächtnis

Als Simonides zu Krannon in Thessalien bei Skopas, einem wohlhabenden und adligen Menschen, speiste und das Gedicht vorgetragen hatte, welches er für diesen verfaßt, worin auch nach Art der Poeten viele schmückende Worte an Kastor und Pollux gerichtet waren, sagte jener überaus niederträchtig zu Simonides, daß er ihm die Hälfte dessen, was er sich ausbedungen habe, für jenes Gedicht geben werde; das Übrige möge er von seinen Tyndariden, welche er ebenso gelobt habe, erbitten, falls es ihm beliebe.

Wenig später aber wurde dem Simonides hinterbracht, daß er herauskommen solle; zwei Jünglinge stehen bei der Tür, welche ihn recht angelegentlich herausrufen. Jener erhob sich, trat hinaus, schaute niemanden. Unterdessen doch stürzte jenes Speisezimmer, wo Skopas Mahl hielt, ein, wobei er selbst mit seinen Anverwandten verschüttet ward und zugrunde ging. Als diese die Ihren begraben wollten, die Zermalmten jedoch auf keine Weise voneinander zu unterscheiden vermochten, zeigte Simonides aufgrund dessen, daß er sich erinnerte, an welcher Statt ein jeder gelegen hatte, wen jeder zu begraben habe.[19]

So lernte Simonides, welche Vorzüge sein Gedächtnis besitze, jeder einzelne derer jedoch, welche Zeugen des Ereignisses geworden waren, daß die Gottheit sowohl dem Ruchlosen als auch dem Redlichen Gerechtigkeit zuteil werden läßt.

Heraklit

„Vielwisserei verleiht nicht Verstand."

Heraklit von Ephesos (540 - 480 v. Chr.) war unmittelbar nach Xenophanes der zweite Philosoph, welcher Gott weder mehr in anthropomorpher Gestalt noch in einem Urstoffe sah. Zwar nannte auch er ein Element, das Feuer nämlich, Gott, betrachtete dieses aber als ein vernünftiges Prinzip (Logos). Im beständigen Feuer stellte er sich die gegensätzliche Vierheit der Elememente vereint vor und vertrat also eine Philosophie, die erstmals zwischen den Lehren der Einheit und Vielheit, des Bestehens und Werdens den Ausgleich gefunden hatte: Aus dem Einen (Feuer) entfaltet sich das Viele (Elemente), welches im fortwährenden Widerstreit alle Dinge wirkt und endlich sich im Feuer wieder vereint. Dieser Kreislauf von Widergeburt, Kampf und Entflammung vollzieht sich stets von neuem und ist das Wesen der Welt.

Heraklits Naturphilosophie war von großem Einfluß vor allem auf die Philosophie der Stoa, welche dessen Logos-Begriff übernommen hat. Lehrreicher für uns Heutige sind aber gewiß seine ethischen Gedanken, die er wie alle anderen Vorsokratiker nicht in ein System angeordnet hat. In seiner Eigenschaft als Moralphilosoph war er der erste große Gesellschaftskritiker und Gegner der verderblichen Massenmeinung. So stellte er etwa höchst trefflich fest: „Obschon der Logos allen gemein ist, leben die meisten doch so, als hätten sie eine eigene Einsicht.“ In Wahrheit aber sind „die Menschen sich so wenig bewußt, was sie wach tun, als sie ein Bewußtsein davon haben, was sie im Schlafe tun.“ In dem eitlen

Glauben, der Herr habe es ihnen im Schlaf gegeben, und der Überzeugung voll, Einsicht werde im Bauch geboren und groß, „denken die meisten nur daran, sich wie Herdentiere satt zu fressen.“ Daher vermochte Heraklit auch mit vollem Rechte zu sagen: „Die meisten Menschen sind schlecht und nur wenige taugen etwas.“ Wir freilich stimmen ihm vollends zu, ist uns ja ganz bewußt, was des Allerschrecklichsten der Mensch dem Menschen antut, angetan hat und antun wird, bis der Gottheit Zorn diesem endlosen höllischen Freveln das Ende bereitet haben wird.

Hüte deine Zunge!

Heraklit scheint die weisen Worte des Bias von Priene gekannt zu haben: „Die meisten taugen nichts." Und auch jener berühmte Ausspruch des Chilon von Sparta dürfte ihm nicht unbekannt gewesen sein: „Deine Zunge eile nicht deinen Gedanken voraus!" Wann immer er nämlich mit einer Frage konfrontiert wurde, welche er nicht sogleich beantworten konnte, wandte er sich um und ging weg mit den Worten: „Wartet einen Augenblick; ich will gehen und mich selbst befragen."

Den Teufel mit dem Beelzebub austreiben

Die zahlosen Torheiten der Menschen veranlaßten Heraklit immer und immer wieder zu überaus spitzen Bemerkungen. Seine scharfe Kritik verschonte nicht einmal die uralten Riten des religiösen Zeremoniells, wenn diese sich ihm als der Götter und Menschen unwürdig gezeigt hatten. So lehnte er etwa auch die Praxis des Opfers ab und pflegte zu sagen: „Sie reinigen sich vergeblich dadurch, daß sie sich mit Blut beflecken, und erscheinen wie Leute, die in den Schmutz getreten sind und sich mit Schmutz abwaschen wollen."[20]

Ein vorsokratischer Sokrates

Vor allem in Athen kam nicht selten vor, daß ein Stadtphilosoph vor Gericht geladen wurde. Oft war der Kläger eine mächtige Lobby von Neidern und überhaupt solchen, die fürchteten, die edlen Ideen der Philosophen könnten zu sehr Schule machen. Auch Rachsucht wie gegenüber Aristoteles oder Sokrates spielte häufig eine wesentliche Rolle. Heraklit war einer von jenen, derer Weisheit als Tatbestand galt. Er wurde also vor die Richter zu Ephesos geladen, beschuldigt, verhört, verleumdet. Nachdem die ganze Tragikkomödie, in welcher sich das Recht selbst verspottet hatte, durchgespielt war und Heraklit aufgefordert wurde, sich zu verteidigen, antwortete er ebenso hochherzig wie später Sokrates, aber kurz und bündig, und sagte: „Ich werde euch weder anflehen, noch mich darum bekümmern, wie ihr urteilt. Vielmehr nämlich seid ihr es, die vor Gericht stehen, nicht ich." Daraufhin wurde Heraklit sofort verurteilt.[21]

Selbstlosigkeit

Als bei einem Gastmahl einst einer den schweigenden Heraklit fragte: „Warum sagst du nichts?", antwortete er: „Damit ihr schwatzen könnt."

Ein gutes Vorbild

Ephesos wurde einst von einem feindlichen Heer belagert. Als die Nahrungsmittel zur Neige gingen, kamen die Ephesier zu Heraklit und fragten den Philosophen, was sie tun sollen. Da stand er auf, ging auf den Marktplatz, stieg vor dem versammelten Volk auf die Rednertribüne, packte einen Holzbecher aus, schüttete Wasser und ein paar rohe Körner hinein, legte wie ein Gourmet ein Minzeblatt darauf und trank den Cocktail aus. Dann stieg er wortlos von der Rednertribüne und ging nach Hause.

Kinderspiele

Heraklit entstammte dem alten Königsgeschlecht und hatte schon allein deswegen große Autorität bei den Ephesiern. Sein Rat galt ihnen sehr viel, und als sie einst neue Gesetze haben wollten, suchten sie ihn auf und baten den Philosophen, der gerade mit Kindern spielte, diese aufzusetzen. Heraklit aber sagte: „Seht ihr denn nicht, daß ich Ernsthafteres zu tun habe?“

Freundschaft und Gefolgschaftstreue

Heraklit hatte einen Freund. Dieser hieß Hermodoros. Er war ein hochgebildter und weiser Mann. Gegen den war der Neid der Ephesier entbrannt, weshalb sie ihn aus ihrer Stadt verbannten mit den begründenden Worten: „Keiner von uns soll der Beste sein, und wenn es doch einen gibt, so sei er es anderswo und bei andern.“ Nachdem das geschehen war, stieg Heraklit wieder einmal auf die Rednertribüne, um den Leuten einen guten Rat zu geben, und sagte: „Hängt euch auf und laßt die Kinder herrschen!“ Daraufhin stieg er wortlos wieder herab und verließ Ephesos für immer.

Empedokles

„Menschen glauben nur das, was sie selbst erfahren.“

Empedokles (495 – 435 v. Chr.) war der größte Dichter unter allen Philosophen vor Sokrates sowie überdies Rhetor, Arzt, Magier, Weissager und – wie wir sehen werden – überhaupt ein halber Gott. Als Lehrer des Gorgias gilt er der Erfinder der Rhetorik. Stellt man ihn dem Pythagoras gegenüber, fällt schwer zu entscheiden, welcher dieser beiden der bizarrere Kopf gewesen ist. Ebenso wie Pythagoras war Empedokles viel gereist, hatte Ägypten und Babylon besucht und auch die Lehren des Orpheus sowie des Pythagoras selbst kennengelernt. So lehrte auch er die Metempsychose, also die Seelenwanderung, den Verzicht auf Fleisch und Opfer, die Gefangenschaft der Seele im Leibe und die Göttlichkeit seiner Person. Darüber hinaus aber waren ihm bereits die Lehren des Heraklit sowie des Parmenides bekannt, welche er in seine eigene Lehre zusammenführte. So nahm er etwa vier unveränderliche und allerfüllende Elemente an, welche das kosmische Prinzip der Liebe in die göttliche Harmonie einer Kugel gänzlich gleichmäßig verteile, während das Gegenprinzip des Streites gänzliche Trennung bewirke. Vereinigung und Trennung doch erfolgen in regelmäßigem und unendlichem Kreislauf. So entstehe und wandle sich der Kosmos und alles, was im Kosmos ist.

Besonders den Kindern unserer Zeit schuf Empedokles so ein reiches Betätigungsfeld: In seiner denkbar schlecht überlieferten Lehre finden sie Vorformen ihrer Atome, ihrer Evolutionstheorie, ihrer Vorstellungen vom Weltall, und sind daher mit Feuereifer dabei, ihren kalten Scharfsinn an den Fragmentchen seiner Naturphilosophie abzuwetzen. Uns interessiert weit mehr freilich seine Theologie und Ethik, deren Spuren wir nicht nur bei den Gnostikern, sondern auch bei den Christen wiederfinden. Hauptsächlich aber sind wir hier und jetzt an den Worten und Taten interessiert, welche den Sohn eines angesehenen agrigentinischen Staatsmannes in der antiken Welt berühmt gemacht hatten. Natürlich werden wir so manches, das über ihn erzählt wird, mit zweifelnder Vorsicht genießen, wie wir ja auch bei Pythagoras nicht leichthin meinen werden, daß hinter jenen Erzählungen über ihn nichts des zu Deutenden stecke, doch auch nichts unreflektiert als Ammenmärchen abtun. Wir glauben ja auch, daß in unseren Tagen ein Leinwandheld zum Staatslenker erhoben wurde. Weshalb sollten wir da bezweifeln, daß Empedokles zum Gott geworden ist?

Gleiches erkennt Gleiches

Empedokles lehrte, Wahrnehmung geschehe, indem die menschlichen Sinnesorgane durch gewisse Poren Ausströmungen absorbieren, welche von den Dingen entsandt werden. Aufgrund ihrer stofflichen Entsprechung vermögen diese von jenen aufgenommen zu werden, falls entsprechende Quantität der Poren dies erlaube.

Als Empedokles einst über weise Männer sprach und dabei auch sich selbst unter jene einreihte, trat ein gewisser ignoranter Narr hervor und sagte: „Ich mühe mich vergebens, einen Weisen zu finden." Empedokles sah ihn mit unbewegter Miene an und antwortete trocken: „Nachvollziehbar; wer einen Weisen finden will, muß zuerst einmal selbst ein Weiser sein."

Hochmut kommt vor dem Fall

Empedokles wurde einst zum Symposion in das Haus eines mächtigen Agrigentiner geladen. Als schon reichlich gespeist, aber noch kein Tropfen des Weines eingeschenkt war, wurde Empedokles unwillig und fragte den Hausherrn, was es denn für eine Bewandtnis habe mit dieser Trockenheit. Der doch gab dem Weisen Bescheid, daß man noch auf die

Ankunft einer sehr wichtigen Persönlichkeit warten wolle. Sobald der Kerl aber endlich erschienen war, wurde er unter großem Beifall empfangen und zum Gelagekönig erkoren. Daraufhin gebot der Hausherr: „Jetzt aber trinkt, oder laßt euch den Wein übers Haupt kippen.“ Während die übrigen Gäste dieses Verhalten gerne akzeptierten, nahm es Empedokles besonnen hin. Am folgenden Tage aber brachte er den Gastgeber sowie den Gelagekönig vor Gericht und ließ sie ihres despotischen Hochmutes wegen zum Tode verurteilen. So begann er seine politische Tätigkeit, indem er öffentlich durch ein überaus drastisches Exempel demonstrierte, daß Adel verpflichte, Pflichtvergessenheit aber Rechenschaft fordere.[22]

Ich, Empedokles, Weiser und Gott

Empedokles strebte beständig danach, den Ruhm der Göttlichkeit des Pythagoras noch zu übertreffen. Und wirklich war auch Empedokles ein universalgebildeter Geist weit überragender Fähigkeiten: In seiner Eigenschaft als Arzt ließ er zwei kleine Flüsse auf eigene Kosten in die Sümpfe bei Selinunt umleiten, brachte dadurch die stehenden Wasser zu Bewegung und Abfluß und besiegte so die Malaria. Sein Wissen über medizinische Dinge reichte so weit, daß er sogar im Stande war, Scheintote wiederzuerwecken. Um jedoch vollends als Gott anerkannt zu werden, mußte er sich wie Pythagoras allerdings auch noch ganz anderer Mittel bedienen: Zu seinen großen und kleinen Taten pflegte er daher mit stets finsterer Miene und wallendem Haar zu schreiten, angetan mit purpurnem Mantel, güldenem Gürtel, ehernen Sandalen und einem Kranze vom heiligen Lorbeer, wodurch er sich dem Apollon, dem Vater der Heilkunde, oder doch zumindest dem Asklepios, dessen Sohn und erstem sterblichen Arzte, welcher ebenfalls Tote wiedererweckt hatte, gleich zeigen wollte. Dabei verkündete er laut: „Ich grüße euch. Unsterblich bin ich euch als Gott, nicht sterblich. Und so walle ich durch die Lande."

Als Empedokles schließlich einsehen mußte, daß er dem Ruhme des Asklepios im Leben doch nicht gleichkommen konnte, beschloß er, es im Tode zu versuchen: Er bestieg also den Ätna, trat an den Rand des Kraters und sprang kopfüber hinein. So wollte er alle zu dem Glauben bringen, daß er dem Herakles gleich zu den Göttern aufgefahren sei. Und es wäre ihm dieser Betrug auch gelungen, wenn nicht der Vulkan seine bronzene Sandale wieder ausgespien hätte.

Anaxagoras

„Das Sichtbare der Welt öffnet uns die Schau des Unsichtbaren.“

Anaxagoras von Klazomenai (500 – 428 v. Chr.) ist der vorletzte der Naturphilosophen. Unmittelbar bevor Sokrates auftrat und die Philosophie vom Himmel auf die Erde herabholte, wie Cicero formuliert hat, sie aus weitgehend fruchtloser Spekulierererei über kosmische Dinge also in die Wissenschaft vom wahrhaft Menschlichen verwandelte, führte er wie sein gleichaltriger Lehrer Empedokles die Lehren des Parmenides und des Heraklit zusammen.

Aus Klazomenai, einer kleinen Stadt im ionischen Kleinasien, stammend, ging er im Alter von etwa 40 Jahren nach Athen, wo er so begnadete Häupter unterwies wie Euripides, Thukydides oder Archelaos, den Lehrer des Sokrates, mit dem großen Perikles sogar Freundschaft schloß. Im Jahre 450 v. Chr. geriet er in den Verdacht, den Persern gewogen zu sein, weshalb er ins Exil weichen mußte. Nach seiner Rückkehr verstand er es, die Athener dadurch zu reizen, daß er als ein erster Galileo Galilei auftrat und feststellte, daß der Mond lediglich das Licht der Sonne reflektiere, die Sonne selbst aber kein Gott, sondern ein glühender Stein sei. So bewies er zwar überragende intellektuelle Fähigkeiten, seiner Zeit weiter voraus als wohl jeder moderne Naturwissenschaftler unserer Zeit, legte vermutlich aber auch jene seit Pythagoras teilüblich gewordene Hybris an den Tag, welche den Menschen sich ein Gott gerieren macht. Jedenfalls schien ihm, den Aufklärern der Neuzeit voranschreitend, hier die tiefere Einsicht, der höhere Verstand zu fehlen, wodurch der Mensch begreift, daß, wenn die Naturwissenschaft Wahrheit gewinnt, die Religion noch lange nicht Wahrheit verliert. So sehr bilderstürmerisch muß Anaxagoras seine Sonnenlehre vertreten haben, daß Diopeithes wohl speziell für ihn und seinen Lehrer Diogenes von Apollonia[23] ein Asebiegesetz einbrachte, nach welchem die Athener den Ionier zum Tode verurteilten. Zwar wurde Tod in Verbannung abgemildert, doch dies bedurfte der ganzen Autorität des Perikles. Anaxagoras ging nach Lampsakos in Mysien, war im Altertum ja auch gleichgültig, wohin man sich wandte: Geist wesete allerorten die Fülle. In Lampsakos verbrachte Anaxagoras seine letzten Lebensjahre und starb auf der Scholle Kleinasiens, welche ihn hervorgebracht hatte, den Freitod durch Hunger.

Des Anaxagoras qualitative Atomistik ist eine Weiterentwicklung der Vier-Elemente-Lehre des Empedokles: Die Welt besteht aus Elementarteilchen, welche sowohl quantitativ als auch qualitativ unendlich sowie unendlich teilbar sind. Diese gleichartigen Teilchen sondern sich durch Einwirkung des Nous aus dem Urgemenge und vereinigen sich, in Bewegung gesetzt und mit anderen Elementen vermengt, zu den Dingen, welche homogener Natur sind.

Der Nous (Geist), welcher dieses wirkt, ist die bei weitem bedeutendste Entdeckung des Anaxagoras! Er ist der göttliche Geist, bestehend aus feinster Materie, mit keinem Ding vermengt, für sich selbst existierend, unendlich und allwissend, der erste Beweger, die allweise Vorsehung. Sokrates hat den

Vorsokratiker ob dessen Erkenntnis dieses höchsten Prinzips gelobt, aber auch sehr bedauert, daß Anaxagoras, welchem selbst man den Beinamen Nous verliehen hatte, von seiner Entdeckung keinen weiteren Gebrauch mache. Erst ein Sokrates vermochte zur Erkenntnis des Nous als des wahren Zieles menschlichen Strebens vorzudringen und so die Philosophie als theologische Ethik auf ihre höchste Höhe zu führen.

Wirf von dir, was zuviel ist

Die moderne Philosophiegeschichtsschreibung ist dem Wesen moderner Wissenschaft entsprechend freilich nur an den Produkten der intellektuellen Onanie des Anaxagoras interessiert, und wir wollen ihr dieses Interesse auch gar nicht mißgönnen. Wer auch immer natürlich den wahrhaft großen Menschen in dem Vorsokratiker kennenlernen will, muß selbstverstämdlich zur Lektüre der uralten Erzählungen schreiten, welche ein wunderbares Bild seines hehren Charakters überliefert haben.

Als den Anaxagoras sein beständiges Forschen nach dem Höheren zu voller Reife gebracht hatte, erkannte er, daß sein großes Vermögen einerseits zwar nützlich sei, andererseits aber das Wichtigste im Leben, nämlich das Philosophieren, hindere, indem fortwährende Sorge im Dienste des toten Materials nahezu alle Zeit und Kraft raube. Daher ließ er seinen reichen Besitz einfach links liegen, um ungehindert fortschreiten zu können, was umso bessere Aussichten hatte, da ja das Altertum nie einem großen Geiste Ruhm wie Fürsorge verwehrt hat. Als seine Brüder das bemerkt hatten, wurden sie sehr unwillig und begannen, ihn zu schelten: „Du kümmerst dich nicht um dein Erbe, Anaxagoras." Der doch erwiderte ungerührt: „Und warum kümmert ihr euch nicht darum?"

Das Heil kommt von den Sternen

Seine Angehörigen warfen dem Anaxagoras vor, sich nicht um sein Erbe zu kümmern, seine Mitbürger aber, sich nicht verdient um sein Vaterland zu machen. Freilich dürfte der Wahlathener nicht der erste Philosoph, welchen derartige Vorwürfe trafen, gewesen sein, ganz gewiß nicht der letzte. Spätestens seit Platon sahen sich alle Weisen einer Front rhetorischer Pragmatiker sowie deren Vorstellungen von der Nutzlosigkeit jenseits des Marktes entstandener Dinge gegenüber. So tief freilich, daß überhaupt jede Form geistiger Tätigkeit „echter" Arbeit und Leistung im Handwerks-, Fabriks- oder Geldbetrieb gegenübergestellt wird, ist erst das moderne Geschlecht abgesunken. Im Altertum genossen selbstverständlich die geistigen Werke das höchste Ansehen, wenn diese nur etwas Sichtbares, Faßbares zeitigten. Und wahrlich, des Anaxagoras Nous ist doch ziemlich unsichtbar, ziemlich unfaßbar.

Einst, als seine Mitbürger schon reichlich ungehalten waren über das scheinbar staatsferne Wirken des Ioniers, erörterte Anaxagoras vor einigen Zuhörern eine ontologische Frage. Da erhob sich plötzlich einer und rief: „Du löst die Probleme des Kosmos, doch um das Vaterland kümmerst du dich überhaupt nicht!" Anaxagoras doch blickte ihn an, lächelte nachsichtig und sprach, gen Himmel deutend: „Und wie ich mich darum kümmere!"

So lehrte er den Menschen, daß der gesamte Kosmos unser Vaterland ist und nur der, welcher Wissen von den unsterblichen und großen Dingen geerntet hat, auch die sterblichen und kleinen begreifen und befördern kann.

Richterin Natur

Zu Athen herrschte spätestens seit Kleisthenes die etwa auch in den Vereinigten Staaten anzutreffende Unsitte, Personen vor ein Pöbelgericht zu stellen: Hunderte durch Los bestimmte Laien pflegten über Leben und Tod eines ihrer Mitbürger zu entscheiden. Dreißig Jahre vor dem Justizmord an Sokrates saß der grobe Haufe über Anaxagoras zu Gericht und verurteilte ihn wegen seiner Behauptung, die Sonne sei nicht göttlich, sondern glutflüssig, zum Tode.

Als man dem Anaxagoras das Todesurteil meldete und die Boten verkündeten: „Die Athener haben dich, Anaxagoras, zum Tode verurteilt", offenbarte der Weise vollends die Hehre seiner Gesinnung: Er blickte die Männer ruhig an und erwiderte mit sanftem Lächeln: „Schon längst hat die göttliche Natur sie sowohl als auch mich zum Tode verurteilt."

Unerschütterlich

Des Anaxagoras unbedingtes Vertrauen in die göttliche Vorsehung und die Weisheit derselben ist noch weit bemerkenswerter als seine durchaus beeindruckenden Teilchentheorien und astronomischen Spekulationen. In der Studierstube beschäftigte er sich mit der mechanistischen Natur des göttlichen Geistes, im Leben aber folgte er dem moralischen Wesen Gottes. Er wußte, daß, was auch immer von Natur geschehe, gerecht geschehe, und der Intellekt, die Seele des griechischen Menschen beherrschend und lenkend, lieh ihm die Kraft, dem Wissen entsprechend zu leben. So ist er wie Stilpon oder Epiktet ein unerreichbares Vorbild, welchem wir wie Cicero oder Erasmus lediglich entgegenzuschreiten vermögen.

Als dem Anaxagoras an demselben Tage, da er die Kunde des Todesurteiles erhalten hatte, hinterbracht wurde, daß seine Söhne gestorben seien, sagte er innerlich bewegt, äußerlich ruhig: „Mir war bewußt, daß ich Sterbliche gezeugt hatte."

Ein schwerer Verlust für die Athener

Perikles hatte die Verurteilung seines Freundes und Lehrers Anaxagoras nicht verhindern können.

Der Ionier war der Willkür des Pöbels, von Perikles selbst in des Ephialtes[24] Nachfolge gänzlich entfesselt, zum Opfer gefallen. Die athenische Gesellschaftsordnung war zur Zeit des übermächtigen Perikles allerdings doch nur „dem Namen nach eine Demokratie, in Wirklichkeit die Herrschaft des Ersten Mannes“[25]. Deshalb vermochte der Führer des Volkshaufens dem Lynchmob letztendlich wenigstens das Werkzeug des Mordes zu entwinden: Im Angesichte der Geister, welche er gerufen hatte, stieg Perikles, einer der wirkmächtigsten Redner des Altertums, auf das Bema[26] und fragte die versammelte Menge: „Findet ihr, Athener, Tadelnswertes an meiner Lebensführung?“ Die aber antworteten: „Nein.“ Daraufhin sprach Perikles: „Ich doch bin dieses trefflichen Mannes Schüler. Wollet ihr euch daher nicht von verleumderischen Worten zu frevler Mordtat hinreißen lassen, sondern folgt vielmehr auch jetzt meinem Rate und nehmt das Schwert von dieses Menschen Nacken!“ Diesen Worten aber vermochten die Athener nicht zu widerstehen. Sie milderten das Urteil ab und stießen den Lehrer der größten Geister Athens in die Verbannung.

Anaxagoras nahm das neue Urteil mit dem ihm eigenen Gleichmut hin. Als er sich auf dem Weg aus Athen befand, kam ihm einer entgegen und sprach ihn mitleidsvoll an: „Nun mußt du, Anaxagoras, der Athener entbehren.“ Ihm doch erwiderte der Weise lächelnd: „Nicht ich ihrer, sondern sie meiner.“

Ein Herz für Kinder

„Pädagogik“ ist infolge einer ungeheuerlichen Pejorisierung wohl der sarkastischste Euphemismus in unserer an geschmacklosen Euphemismen so überreichen Zeit. Als die späten Aufklärer im Vorfeld der Französischen Revolution Gott vom Menschen, den Menschen von der Menschlichkeit ganz getrennt hatten, nahm eisige Kälte Einzug in die schon immer wenig wohltemperierten Klassenzimmer, und für die neuen Kinderschinder, welche nun hereinbrachen, wurde ein neuer Name nötig. Unmöglich konnte man die Wahrheit ausprechen und vom Pädotriben reden; also ging man im Wörterbuch des Altgriechischen ein paar Lemmata zurück, zerrte den Pädagogen von der Straße, erzog ihn zum Folterknecht um und stellte ihn in die Schule.

Auch zur Zeit des Anaxagoras war öffentliche Schule schon ein öffentliches Ärgernis, wenngleich die Jugend wenigstens über das infantile Niveau des funktionalen Analphabetismus hinausgeführt wurde. Der weise Ionier, in die Verbannung nach Lampsakos gegangen, wo man ihm die öffenlichen Ehren anbot, welche man ihm in Athen versagt hatte, antwortete daher auf die Frage des Stadtrates, was er wünsche: „Ich begehre keiner einzigen Sache außer dieser, daß ihr euren Kindern in meinem Sterbemonat Schulferien gewährt.“

DEMOKRIT

*„Nicht jede Lust,
sondern die moralische nur erwähle!“*

Demokritos von Abdera (460 – 370 v. Chr.) ist der letzte der Naturphilosophen. Er stammte aus reichem Hause, wußte aber – anders als die heutigen Sprößlinge gestopfter Väter – mit seinem Gelde Vernünftiges anzufangen: Nachdem der Perser König einige weise Magier und Chaldäer in seinem gastlichen Hause zurückgelassen hatte, wurde Demokritos von diesen in der Astronomie unterwiesen, von jenen aber in der Theologie. Danach begab er sich auf ausgedehnte Bildungsreisen, welche ihn auch zu den Ägyptern führten, bei denen er Geometrie studierte. In Afrika kam er sogar bis nach dem Reiche von Kusch[27], dessen Könige schon ein Vierteljahrtausend vor seiner Geburt die Herrschaft über Ägypten angetreten hatten.

Demokritos reiste auch durch Asien und kam über Persien, wo er bei den Chaldäern und Magiern Meisterkurse belegte, bis nach Indien; dort tauschte er sich mit den Gymnosophisten, den Prototypen der Yogis, aus.

In Griechenland studierte der „lachende Weise", wie er bis heute genannt wird, bei seinem Landsmann Leukippos, durch dessen Atomlehre, welche er fortentwickelte, ihm seine große Berühmtheit zuteil ward. Bei Anaxagoras hingegen, dem anderen großen „Atomisten", durfte er – aus welchen Gründen auch immer – nicht in die Schule gehen, wofür er sich mit herber Kritik an der Lehre vom göttlichen Geiste, dem Kronjuwel der Weisheit des Anaxagoras, rächte. So eilte er seiner Zeit ganze 2500 Jahre voraus.

Demokritos war der gebildetste Mann seiner Epoche; im 4. Jh. v. Chr. übertraf ihn allein Aristoteles an Reichtum des Wissens. Allerdings, wie dies überhaupt ein Merkmal vorsokratischer Weisheit ist, war sein Wissen, soweit es sich auf Naturkunde und Mathematik bezog, zum großen Teile Scheinwissen oder überflüssig. So entsprechen etwa seine Vorstellungen von der Weltentstehung keineswegs der Wahrheit, seine Überlegungen zur Mathematik sind schlicht und einfach überflüssig. Was nämlich nützt es dem Menschen, eine Kurve im Koordinatensystem gerade biegen zu können, nicht aber gelernt zu haben, was im Leben gerade ist?

Auch in der Theologie kam sein Denken nicht über die nackte Natur hinaus, obschon er doch bei den Magiern weit Erhabeneres vernommen hatte. Von Gott nämlich ist bei ihm nicht Rede, sondern allein von Notwendigkeit und Zufall, welche das Werden bestimmen, indem der Zufall widereinander stoßen lasse die fallenden und schwirrenden Atome, welche dann, so rund oder eckig sie sind, sich zu Körpern verbinden, was mit Notwendigkeit geschehe. Die Götter der Griechen haben mit der Weltordnung nichts zu tun, ja seien nicht einmal Götter, sondern den Menschen schädliche Dinge, welche die Sterblichen zu unsterblichen Gottheiten gemacht. Würde er dies als eine kulturhistorische Lehre formuliert haben, hätte er einfach nur konstatiert, was jedem offen zu Tage lag. Der Schluß von der Erfindung konkreter Vorstellung auf das Nichtsein unkonkreter göttlicher Mächte ist schlechtweg ein Fehlschluß. Immerhin scheint er wie Platon, sein wesentlich jüngerer Zeitgenosse, eine „göttliche“ Weltseele, entsprechend der menschlichen Seele aus Feueratomen bestehend, angenommen zu haben.

Von der Seele des Menschen behauptete Demokritos, sie sei sterblich und zerstreue sich nach des Menschen Tod. Wie wenig früher Empedokles, später aber die Stoiker betrachtete auch er die Seele als das Organ der Erkenntnis insofern, als diese feinstoffliche Abbilder, sogenannte Eidola, beständig ausgesandt von den Dingen, in sich aufnehme und widerspiegele. Da die Seele jedoch veränderlich sei, wissen wir in Wirklichkeit nichts sicher.

Diese seine Lehren sind zwar nicht gerade Beweise einer unübertrefflichen Weisheit, als welche sie in unserer Zeit gründlich mißverstanden werden, doch aber Zeugnisse einer geistigen Überlegenheit über das gemeine Denken, wie sie heute wohl kaum mehr gefunden werden kann. In der Heilkunde war er selbst dem Wissen unserer Gegenwart so weit über, daß er als Heilpraktiker uns Heutigen wohl ein Wunderdoktor scheinen würde.

In der praktischen Ethik aber erreichte er den Rang eines ganz großen Philosophen, und wäre nicht sein Frauenbild ein wenig zweifelhaft gewesen, müßte er gewiß zu den weisesten Männern gerechnet werden. Mit seiner Lehre von der Euthymie (Wohlgemutheit), dem Kernstück seiner Moral, nahm er die Weisheit der Stoiker voraus. Man kann wohl sagen, Demokrit sei der erste Eudaimonist gewesen und habe als erster bewußt gelehrt, daß die Ruhe der

Seele aus einem tugendhaften Leben entstehe, also etwa aus Pflichterfüllung, Gerechtigkeit, Freigebigkeit und Geisteslust, vor allem doch aus Maße.

Demokrit von Abdera starb hochbetagt im Vollbesitze seiner geistigen Kräfte.

Demokritos und die Frauen

Fast wie ein Klischee geht um die Meinung, daß Philosophen grundsätzlich frauenfeindlich seien. Dies trifft zumindest auf die meisten der antiken Philosophen nicht zu, wie uns das Leben und die Lehren, um nur fünf ganz große Geister exemplarisch zu nennen, etwa des Pythagoras, des Sokrates, des Epikuros, des Seneca oder des Marc Aurel offenbaren. Demokritos allerdings ist eine der wenigen Ausnahmen, wenn wir ihn auch keineswegs als regelrechten Frauenhasser brandmarken dürfen. Ganz entgegen unserer Erwartung war er verheiratet, und nicht ist ein besonderer Grund überliefert zu der Annahme, daß er sich mit seiner Frau nicht gut verstanden habe. Gerade jener Ausspruch zeugt mehr von seinem Humor als von seiner Verachtung. Als er einst nämlich gefragt worden war, weshalb er eine so sehr kleine Frau geheiratet habe, antwortete der Philosoph: „Von den Übeln wählt der Weise stets das kleinste."

Aufnahmeprüfung

Der nachmals berühmte Sophist Protagoras, welcher sich in seiner Jugend als Tagelöhner verdingte und häufig schwere Frachten auf seinen starken Schultern transportierte, trug einst vom nahen Lande nach seiner Vaterstadt Abdera ein großes und schweres Bund Holzklötze, die allesamt mit einem nur kurzen Strickchen zusammengebunden waren. Zufällig aber erging sich zu derselben Zeit gerade Demokritos vor den Mauern der Stadt und begegnete dem Protagoras. Er, der nicht zuletzt aufgrund des scharfen Blickes seines geistigen Auges berühmt war, gewahrte sogleich, wie leicht und behende jener eine so schwerfällige und unhandliche Last dahintrug. Deshalb näherte er sich ihm, betrachtete aufmerksam, wie kunstvoll das Holz zusammengebunden und gelegt war, und bat ihn, doch ein wenig zu verweilen und auszuruhen. Protagoras willfahrte ihm, legte das Bund ab und setzte sich in den Schatten der hohen Mauern. Demokritos aber analysierte nun das Geflecht jener Ladung noch genauer und stellte voll der Bewunderung fest, daß jene gleichsam kreisförmig zusammengelegten Holzklötze mit einem nur ganz kurzen Bande zusammengebunden und sozusagen nach einem gewissen Gesetze der Geometrie gleichmäßig verteilt waren und fest zusammengehalten wurden. Er erkundigte sich also, wer das Holz wohl in solcher Ordnung zusammengelegt habe, und als jener erklärte, daß es von ihm selbst so zusammengelegt worden sei, bat er ihn, es noch einmal zu lösen und wieder auf die nämliche Art zurechtzulegen. Als jener es nun aber gelöst und auf gleiche geschickte Weise wieder zusammengeschichtet hatte, war Demokritos über die Geistesschärfe und Findigkeit dieses doch durchaus noch nicht ausgebildeten Menschen höchst erstaunt und sagte zu ihm: „Höre, mein Bester! Da du mit so natürlichen Anlagen zur Lösung schwerer Aufgaben ausgestattet bist, so sind es wohl größere und besser Aufgaben, die dir obliegen, mit mir zu lösen." Sofort nahm Demokritos ihn mit sich, behielt ihn bei sich, sorgte für seinen Unterhalt, unterrichtete ihn in der Philosophie und war die Veranlassung dafür, daß er später ein so bedeutender Mann ward.[28]

Von der Jungfrau zur Frau

Demokrit war in der Heilkunde ausgesporchen beschlagen und versiert. Von den unscheinbarsten äußeren Merkmalen vermochte er auf körperliche Zustände zu schließen, die sich dem Auge gar nicht offenbaren. Daher nimmt auch nicht wunder, daß einer seiner Schüler der bedeutendste Arzt des Altertumes geworden ist: Hippokrates von Kos[29].

Als dieser mit zahlreichem Anhang zu Demokritos gekommen war, begrüßte der Philosoph den Arzt und dessen Gefolge, in dem sich auch eine unschuldig blickende Maid befand. Er wandte sich auch dieser freundlich zu und sagte: „Dem Fräulein meinen Gruß!" Am folgenden Tage aber begegnete er ihr wieder, blickte sie an und sagte: „Der Frau meinen Gruß!"

Trauertherapie

Es ist überliefert, daß damals, als Demokritos in Persien weilte, um sich von den Magiern und Chaldäern bilden zu lassen, die Gattin des Königes Dareios gestorben sei. Da nun aber Dareios II. der einzige Dareios zu Lebzeiten des Demokritos gewesen ist, dessen Gattin Parysatis ihren Gatten jedoch überlebt hat, bezieht sich diese Kunde wohl auf eine Nebenfrau des Herrschers. Wie auch immer die Sache sich verhalten mag, Dareios jedenfalls verfiel in tiefe Trauer infolge des Verlustes jener Frau. Da trat Demokritos an ihn heran, reichte ihm eine dicke Schriftrolle und versprach ihm, daß er sie wieder zum Leben erwecken werde, falls der König ihm alle Wünsche erfülle, welche auf dem langen Papyros gelistet. Dareios nahm das Register, durchmaß die Rolle und fand keinen Wunsch verzeichnet, dessen Erfüllung ihm unmöglich. Schon war er fast bis zum Ende gelangt und atmete im Vollgefühle seiner königlichen Allmacht bereits die sicherste Hoffnung. Da las er den letzten Wunsch. Dieser doch lautete: „Meißle ein in den Grabstein deiner Frau die Namen dreier Männer, welche nie noch Schmerz gelitten!"

Zutiefst erschüttert von dieser Forderung und gleichsam mit Gewalt wieder zu Bewußtsein gebracht, fand Dareios den inneren Weg zu der Seelenstärke, welche eines Königes würdig ist, und überwand seine Trauer.

Lebensverlängernde Maßnahme

Demokritos war nicht nur in Hinblick auf den Geist ganz außerordentlich begnadet, sondern auch hinsichtlich des Leibes, denn er wurde mindestens 90 Jahre alt. Nach Hipparchos von Stageira, des Diogenes Laertios Schüler, habe er sogar ein Alter von 109 Jahren erreicht. Sein abnormer Scharfsinn und der Zugriff auf sein umfassendes Wissen blieben ihm bis zum Ende erhalten. Als der Tag des Sterbens gekommen war, trat seine Schwester, wohl auch schon nicht mehr die Jüngste, an sein Lager heran, voll der Trauer nicht so sehr, weil ihr Bruder, welchem die Gottheit ja die Lebenszeit eines Methusalem zugemessen hatte, zu verscheiden im Begriffe war, sondern vielmehr, weil gerade die Thesmophorien begannen, deren heilige Pflichten die Frauen außer Hause zu erfüllen pflegten. Demokritos aber sprach ihr Mut zu und bat sie, ihm herbeizubringen täglich warme Brote. Diese führte er an seine Nasen und hielt sich durch dieses Kunststück selbst am Leben, solange das Fest währte, nämlich drei Tage.

Senecio

Ein kynisches Wort

Schon als er noch ein Jüngling war, geriet Senecio seiner unkonventionell gesellschaftskritischen Art und auch seiner Hautfarbe wegen oft in Konflikt mit Älteren. Einst hatte er gerade wieder einen seiner bornierten Zeitgenossen vermittelst eines scharfzüngigen Aperçus zurechtgewiesen. Eine ältere Frau, die Mutter eines seiner Schullehrer, stand dabei und war entsetzt: „Ich denke schon seit jeher, Senecio, daß du keineswegs klug bist.“ Senecio hierauf: „Das ist klar, denn womit du denkst, damit verdaue ich.“

Der Briefkasten eines Kynikers

Die meisten seiner Lehrer und Mitschüler hatten Senecio fast schon gehaßt wegen seines ethischen Antikonventionalismus und seiner hochkritischen, immer menschlichen, niemals materialistischen Lebensphilosophie. Deshalb hatte das Rektorat beschlossen, dem Philosophen im Namen aller Schüler und Lehrer ein Abschiedsschreiben zu übergeben, in welchem die allgemeine Ablehnung seiner Person noch einmal ausdrücklich zum Ausdruck gebracht werden sollte. Am Morgen eines der letzten Schultage – bereits nach der Reifeprüfung – kam der Leiter des Gymnasiums, einen höchst offiziell wirkenden Brief in der Hand, auf Senecio zu. Dieser aber begriff sogleich; als ihm der Mann das Schreiben reichte und etwas dazu sagen wollte, kam ihm Senecio zuvor und bemerkte trocken lächelnd: „Hätte ich gewußt, daß du mir heute deine Brieffreundschaft anträgst, wäre ich dir mit meinem Mülleimer entgegengekommen."

Sphärenharmonie

Die Gehörbildungsklasse an der Musikhochschule leitete ein überheblicher Gymnasialpädagoge, welcher auf Kosten der schwachen Schüler seine geschmacklosen Witze zu reißen pflegte. Nun war Senecio aber der schwächste von allen Schülern. Als er einmal ein auf dem Klavier angeschlagenes Intervall durch Hören bestimmen mußte, scheiterte er. Da blickte der Lehrer, welcher am Klavier saß, gelangweilt in die Luft und meinte: „Naja, das Klavier wird wohl verstimmt sein." Senecio bat ihn, das Intervall noch einmal anzuschlagen, blickte gelangweilt in die Luft und meinte: „Sie haben recht: Das Klavier ist verstimmt."

Ein Seneca für alle Fälle

Senecio besuchte einmal eine Lehrveranstaltung zum Thema „Mittellateinische Texte". Nachdem er in den Hörsaal getreten war, nahm er, wie gewohnt, in der letzten Bankreihe Platz, wo niemand saß. Als dies der Lehrer sah, legte er dem Senecio sogleich nahe, zu den anderen in die ersten Bankreihen aufzuschließen: „Komme doch, Senecio, nach vorne in die Masse!" Senecio erwiderte prompt: „Argumentum pessimi turba est!"[30]

Das verstand zwar keiner, doch den Lehrer überzeugte es, und Senecio blieb sitzen, wo er saß.

Suum cuique - Jedem das Seine

Als Student der Fachdidaktik hatte Senecio einem rassistischen Gymnasiallehrer einst ordentlich verbale Prügel verabreicht, weshalb er wenig später vor den Leiter der musikpädagogischen Abteilung befohlen und mit Suspendierung bedroht wurde. Gefragt, was er sich bei so einer respektlosen Aktion eigentlich gedacht habe, zitierte Senecio: „Dem Pferd die Peitsche, dem Esel den Zaum, dem Rücken des Narren den Stock."[31]

Zoon und Zoon logon echon

Wieder einmal legte sich einer gegen Senecio ins Zeug und warf dem Philosophen Nichtstuerei und soziales Versagen vor, indem er sich selbst auf eine übliche Art brüstete: „Ich habe es zu etwas gebracht, weil ich immer wie ein Tier geschuftet habe!“ Senecio darauf: „Und ich habe es zu etwas gebracht, weil ich immer wie ein Mensch studiert habe.“

Gleich und Ungleich gesellt sich nicht gern

Einst begegnete dem Senecio ein Freund, der am selben Tag eine große Abhandlung vollendet hatte. Senecio fragte, wie der Titel des Werkes laute. Der Freund aber sagte: „Menippea[32] heute“. Darauf Senecio: „Das ‚Menippea‘ gefällt mir, das ‚heute‘ keineswegs.“[33]

Man kann nicht auf zwei Hochzeiten tanzen

Als ihm einmal jemand zu erklären versuchte, daß man ohne Umstände sowohl die klassische als auch die moderne Kunst lieben könne, erwiderte Senecio: „Du kannst nicht beiden dienen, Michelangelo und dem Beuys!"

Quod licet Iovi non licet bovi

Als Senecio vor ungewogenem Auditorium provokant verlauten ließ, er sei an Weisheit unendlich reicher als die stumpfsinnige Masse, machte sich Entrüstung breit im ganzen Raum, und empört fragte jemand den Philosophen: „Mit welchem Recht behauptest du das von dir?" Senecio darauf: „Mit demselben, mit dem du das nicht von dir behauptest."

Kleider machen Menschen

Senecio war engagiert worden, in einem Gasthaus ein Weihnachtskonzert zu geben. Weil er aber erst nach seiner Zusage erkannt hatte, daß es sich um eine Aufführung in einem spießigen Nobelhotel handele, griff er, um den Kelch an sich vorüberzulenken, zu einer kynischen List. Der Stoiker betrat also das „noble" Establisment mit Schumann in seinem Ranzen und mit Sportbekleidung im modischen Stile der 80er Jahre angetan. Wie nicht anders zu erwarten, schrien die Veranstalter vor Entsetzen Zeter und Mordio und komplimentierten Senecio umgehend wieder hinaus. Drei Tage später doch erhielt er einen hochoffiziellen Brief, in welchem ihm mitgeteilt wurde, man werde eine gerichtliche Klage anstrengen wegen Vertragsbruches. Senecio rüstete sofort ebenfalls einen Brief, schrieb jedoch nur zwei Sätze: „Wer beim Pferdekauf die Satteldecke begutachtet, ist ein Idiot; wer aber eines Menschen Kleidung begutachtet, ist ein Vollidiot."

Erlaubte Freiheiten und unerlaubte Unverschämtheiten

Senecio hielt einen Vortrag über stoische Ethik, und während die meisten höchst interessiert seinen Ausführungen lauschten, geriet plötzlich einer, dessen moralischen Horizont Senecio offenbar weit überschritten hatte, in Rage, gab bekannt, wie unerträglich er all das Gesagte finde und störte den Unterricht vermittelst seiner Schimpftiraden massiv. Senecio, der seine Rede unterbrochen hatte, hörte sich das unbeteiligt an. Als der Mann aber fertig war, bemerkte der Stoiker mit gefährlich leiser Stimme: „Du magst hier tun, was du willst, und mußt hier lassen, was ich will!"

Small talk

Als Senecio einmal zu einer großen Feier eingeladen war, empfand er bald schrecklich lange Weile unter den fein gekleideten Sekttrinkern, die ihn, der freilich in seiner Alltagstracht gekommen war, beständig in ermüdende Gespräche zu verwickeln suchten. Endlich wurde dieser Zirkus dem Philosophen zu bunt, und er versuchte, sich merklich abzusetzen. Da erblickte er auf einem hölzernen Kästchen ein billiges glyptisches Götzenbildreplikat. Senecio ging darauf zu und begann, mit der Figur angeregt zu sprechen. Nach einiger Zeit wagten sich drei der anderen Gäste an ihn heran, und einer von ihnen, verlegen lächelnd, fragte: „Was treibst du da, Senecio?“ Senecio wandte sich den Dreien zu und erwiderte: „Davor bin ich sicher im Gespräch mit einem Stein, abzusinken unter mich selbst.“

Wahre Werte

Wieder einmal gab Senecio vor einem skeptischen Publikum bekannt, daß ein gutes Leben ohne klassische Philosophie unmöglich sei, weil weder Ärzte noch Rechtskundige noch Geldexperten noch moderne Philosophen noch sonst irgendwelche einen guten Charakter formen können. Das wollte freilich so mancher nicht ganz glauben, einige entrüsteten sich sogar, und einer der verärgerten Zuhörer fragte mit hinterlistiger Gehässigkeit: „Warum aber gibt dann jeder gerne jede beliebige Summe den Ärzten, Rechtskundigen, Managern und zeitgenössischen Philosophen um derer Dienste willen, dir jedoch für deine verstaubten Altertümer keiner auch nur einen einzigen Cent?“ – Senecio blickte reglos an dem Mann vorbei und bemerkte trocken: „Deshalb, weil meine verstaubten Altertümer unbezahlbar sind.“

Massel

Als einst ein geschwätziger Nachbar vom Einkauf zurückkehrte und dem Philosophen, der mit seinen Schülern erörternd vor dem Hause stand, wider Befürchten nur ein „Hallo“ zum Gruße gab und im Haus verschwand, sagte Senecio: „Gott sei Dank! Dieser Kelch ist an uns vorübergegangen.“

Ehre

Als irgendein Ignorant den Senecio einst fragte: „Was ist denn Ehre?“, antwortete er: „Etwas, das du nicht hast.“

Das Widerlichste vom Widerlichsten

Gefragt, ob es etwas gebe, das noch widerlicher sei als schmutziges Geld aus schmutzigen Taten für schmutzige Taten, antwortete Senecio: „Schmutziges Geld aus schmutzigen Taten für saubere Taten."

Rede und Antwort

Als er einst in einem türkischen Laden an der Kasse stand und ein Großmaul eintrat, angetan mit Schal und Anzug wie ein entmannter Primo Uomo, sich an die Verkäuferin wandte und verbrach das todeswürdige Wort: „Hier stinkt's", wandte sich Senecio zu ihm und sagte: „Was nimmt's wunder, da doch du hier bist."

Appendix

1 Auch Friedrich Nietzsche, der wohl nach Kant und Hegel überschätzteste Philosoph, hat immerhin das weise Wort gesprochen: „Aus drei Anekdoten ist es möglich, das Bild eines Menschen zu geben."

2 Das altgriechische Wort ἀνέκδοτος – τος bezeichnet hier das Ergebnis – ist das mit ἀν privativum gebildete Verbaladjektiv von ἐκδίδωμι, welches „herausgeben" bedeutet. Ein ἀνέκδοτον ist also ein „nicht Herausgegebenes". Als literaturkundlicher Terminus geht der Begriff zurück auf Prokopios, den großen Historiker am Hofe Justinians I., welcher eine Sammlung despektierlicher Geschichtchen über den Kaiser verfaßt, doch vor dessen Tode verständlicherweise nicht herausgegeben hat.

3 Einer der am schlimmsten überschätzten Köpfe ist gewiß Georg Wilhelm Friedrich Hegel (1770 -1831) gewesen. Zu seinen Genialitäten rechnen so stammtischwürdige Auswürfe wie dieser: „Der Neger stellt den natürlichen Menschen in seiner ganzen Wildheit und Unbändigkeit dar. […] Es ist nichts an das Menschliche Anklingende in diesem Charakter zu finden" (Vorlesungen über die Philosophie der Geschichte aus dem Jahre 1837).

4 Das Wort σεισάχθεια bedeutet Lastenabschüttelung. Es ist zusammengesetzt aus σείω (schütteln) und ἄχθος (Last).

5 Bedenkt man nun, daß die 200 reichsten Deutschen etwa 47 % des deutschen Privatvermögens in ihren berstenden Taschen klingeln haben, daß also 81 Millionen Bürgern sich in die andere Hälfte (freilich höchst ungleich) teilen, stellt sich die Frage, ob hier nicht auch ein Solon ganz dringend nötig wäre.

6 Timokratie ist diejenige Staatsform, in welcher materieller Besitz das Maß aller Dinge und Quell aller Ehre

(τιμή) ist, der kapitalistische Geldsack folglich also den Ton angibt. Wir etwa leben in einer timokratischen Ochlokratie.

7 Das ist die Piazza in der antiken griechischen Stadt.

8 Zur Zeit des Solon gab es in Athen bereits neun Archonten, die auf ein Jahr gewählt wurden, wobei der Archon eponymos den höchsten Rang besaß, unter anderem für das Familienrecht zuständig war und dem Jahr seinen Namen gab, während etwa die sechs Thesmotheten als dem Archon eponymos untergebene Oberrichter fungierten.

9 Die nämliche Frage legte Alexander der Große einem indischen Gymnosophisten vor. Dieser aber antwortete: „Die der Lebenden, denn die Toten sind nicht."

10 Das Pankration (Allkampf), 648 v. Chr. erstmals bei den Olympischen Spielen praktiziert, war die härteste Kampfsportart aller Zeiten. Von Schlägen aller Art, über Tritte, Hebel, Griffe, Würfe bis hin zu Ellbogen- und Kniestößen war alles erlaubt außer dem Kratzen. Nicht selten endete ein Kampf mit dem Tode. Bedenkt man, daß zu jenen Zeiten Heil und Wehe des Einzelnen sowohl als auch des Gemeinwesens weitgehend von der leiblichen Wehrkraft abhingen, ist derlei Ding nachvollziehbar. Dennoch bemerkte schon damals, als sich Dioxippos unsterblichen Ruhm erstritt, der treffliche Diogenes trefflich: „Die Menschen veranstalten Wettkämpfe im Prügeln, nicht aber um die Tugend." – Blickt man freilich auf die gehirnlosen Spinner, die sich unserer Tage in Käfigen (fast) zu Tode prügeln, läßt sich nicht der geringste Sinn mehr finden.

11 Pittakos ist also recht eigentlich der erste Retiarius gewesen.

12 Die heute gemeinübliche Ausbeutung ist nichts anderes als eine schlimmere Form der Sklaverei!

13 Alyattes II. (619 – 560 v. Chr.) war seit 605 v. Chr. König der Lyder. Sein Sohn ist der reiche Kroisos gewesen.

14 Themistokleia war Priesterin zu Delphi.

15 Sybaris war eine achäische Kolonie am Golfe von Tarent. Schon während des Altertumes war die Stadt allein für ihre maßlosen Ausschweifungen sowie die beispiellose Weichlichkeit ihrer Bewohner berühmt, deren Tryphe (ausschweifende Zügellosigkeit) zum Normalzustand in den reichen Ländern unserer Zeit geworden ist. 200 Jahre nach seiner Gründung ging Sybaris im Krieg gegen die Pythagoreer von Kroton, welche die aus Sodom Geflüchteten nicht ausliefern wollten, unter.

16 Dieser Nessos hat nichts mit dem Kentauren zu tun.

17 So wurden sie freilich erst von den Späteren genannt.

18 Tauromenion ist das heutige Taormina. Es ist 276 Kilometer von Kroton, dem heutigen Crotone, entfernt.

19 Bis hierher entspricht die Erzählung dem Bericht des gewaltigen Cicero (*De oratore* II, 352 f.), welchen in meiner Übersetzung zu geben ich mir erlaubt habe.

20 Vgl.: Mk 12, 33: „Gott mit ganzem Herzen, ganzem Verstand und ganzer Kraft zu lieben und den Nächsten zu lieben wie sich selbst, ist weit mehr als alle Brandopfer und anderen Opfer."

21 Diese Verurteilung hatte nicht die Todesstrafe im Gefolge.

22 Diese dann wohl doch etwas übertriebene Reaktion auf eine Aktion anmaßender Primitiver paßt gut zu der extremen Persönlichkeit des Empedokles.

23 Diogenes von Apollonia (498 – 428 v. Chr.) war ein Naturphilosoph und Arzt, welcher in Athen wirkte. Er lehrte, daß die Luft das Urprinzip sei, aus der durch Verdichtung und Verdünnung alles entstehe. Auch die Seele betrachtete er als luftigen Hauch, die Leiber aber aus dem Schlamme, konzentrierter Luft, entstanden. Infolge eines Asebieprozesses floh er aus Athen.

24 Ephialtes von Athen (+ 461 v. Chr.) war ein maßloser Demagoge. In Abwesenheit des edlen Kimon errichtete er die Pöbelherrschaft in Athen, welche als „Attische Demokratie“ – auch dies ein Euphemismus – in die Geschichtsbücher eingegangen ist.

25 Thukydides, *Der Peloponnesische Krieg* 2, 65.

26 Das Bema ist die Rednertribüne, auf welchem die Zunge des griechischen Altertums sowohl die schönsten Guttaten als auch die häßlichsten Untaten vollbracht hat. Das Wort selbst besteht aus der grundstufigen Wurzel βη- und dem Ergebnissuffix -μα, bedeutet recht eigentlich und wörtlich also „Gegangenes“ oder „Betretenes“. Die nämliche Wurzel – allerdings schwachstufig – findet sich in so berühmten Wörtern wie „Basis“ und „Base“.

27 Das schwarzafrikanische Reich von Kusch stand bereits 1000 Jahre, bevor die übermenschlichen Germanen von ihren Bäumen stiegen, in allerhöchster Kulturblüte!

28 Diese von dem hochgebildeten Aulus Gellius überlieferte Erzählung bietet freilich unübersehbare chronologische Schwierigkeiten, da ja Protagoras 20 oder

30 Jahre älter als Demokrit gewesen ist und daher als junger Mann unmöglich Schüler des Naturphilosophen gewesen sein kann.

29 Ja, es handelt sich um genau den Hippokrates, dessen Eid die allermeisten Ärzte heute als perfiden Meineid leisten!

30 „Beweis des Schlechtesten ist die Masse" (Seneca, *De vita beata* 2, 1).

31 Spr 26, 3. – Das berühmte Wort „suum cuique" stammt von dem großen Cicero, seine Ursprünge aber gehen bis auf den weisen Platon zurück. Die Nazis mißbrauchten es, indem sie es über das Tor des Konzentrationslagers Buchenwald setzten.

32 Die Menippea ist die älteste Form der Satire. Erfunden von Menippos von Gadara (330 – 260 v. Chr.), einem trefflichen Kyniker, welcher sich selbst aus der Sklaverei freigekauft hat, verbindet sie Spott und Ernst (Spoudogeloion), Vers und Prosa in einem formal recht freien kunstvollen Ganzen. Marcus Terentius Varro (116 – 27 v. Chr.), der gebildetste aller Römer, übernahm sie in die lateinische Literatur, Lukian von Samosata (120 - 180), ein großer Verehrer des Menippos, machte sie in altgriechischer Sprache berühmt.

33 Senecio ist ein Kritiker der heute üblichen Aktualisierungssucht, des paranoid-zwanghaften Strebens, all Klassisches avantgardistisch umzudeuten und zu entwerten.

Im Ad Fontes Klassikerverlag ist weiterhin erschienen

Seneca

Epistulae morales
Briefe an Lucilius

Buch I	76 Seiten	ISBN 978-3-945924-09-9
Buch II	84 Seiten	ISBN 978-3-945924-10-5
Buch III	76 Seiten	ISBN 978-3-945924-11-2
Buch IV	76 Seiten	ISBN 978-3-945924-12-9
Buch V	80 Seiten	ISBN 978-3-945924-13-6
Buch VI	76 Seiten	ISBN 978-3-945924-14-3

einsprachig

Seneca

Epistulae morales
Briefe an Lucilius

Buch I	112 Seiten	ISBN 978-3-945924-01-3
Buch II	116 Seiten	ISBN 978-3-945924-02-0
Buch III	104 Seiten	ISBN 978-3-945924-03-7
Buch IV	112 Seiten	ISBN 978-3-945924-04-4
Buch V	120 Seiten	ISBN 978-3-945924-05-1
Buch VI	116 Seiten	ISBN 978-3-945924-06-8

zweisprachig

Gustav Schwab

Die schönsten Sagen des klassischen Altertums

Bildband

88 Seiten ISBN 978-3-945924-07-5